古代史研究叢書13

藤原南家・北家官人の考察

木本好信 著

岩田書院

序

本書『藤原南家・北家官人の考察』は、旧著『藤原式家官人の考察』（高科書店、一九九八年九月）、そして前著『藤原北家・京家官人の考察』（岩田書院、二〇一五年八月）につづく姉妹編である。著者は先に前著の「序」において、二〇〇五年一二月に刊行された栄原永遠男編『平城京の落日』（清文堂出版）の「日本古代史の豊かな研究の蓄積をふまえて、歴史上の個人を積極的に取りあげ、さまざまな個人を通して時代を描き出すことをめざしたい」との文言を引用したうえで、藤原氏官人の考察意義について以下のように記した。本書もまた藤原氏出自官人の考察をとおして奈良時代政治史を解明しようとする同じ目的を意図とすることから、少し長いが再び左記に引かせていただく。

> もちろん奈良時代政治史の解明ということを考えれば、考察官人の対象を藤原氏だけにとどめるべきではないが、（中略）何といっても奈良時代政治史は藤原不比等による律令の施行と平城京遷都にはじまり、その四子である武智麻呂主導による房前・宇合・麻呂兄弟中心の政権、ついで武智麻呂次子の仲麻呂による（中略）律令官僚制による貴族専権政治、そして光仁天皇を擁立した良継を中心とする田麻呂・百川・蔵下麻呂ら兄弟の藤原式家主導体制へと移り変わっている。その過程のなかでは長屋王首班体制、橘諸兄政権という藤原氏の雌伏時代、そして称徳・道鏡政権という異形な政権時代もあったが、やはり奈良時代政治史の潮流は常に藤原氏の存在とともにあったといえよう。

このような認識のうえに立脚して、著者は藤原氏官人の考察をとおして奈良時代政治史の解明をすすめてきたのであるが、その目的のためには考察すべき官人でいまだ取りあつかっていない主要な官人も残っている。それが藤原氏の嫡流である南家出自の官人であって、本書には、始祖であり長屋王を打倒して藤原氏政権を確立、光明子を立后させた武智麻呂、武智麻呂が病死したあとの藤原氏の苦節期をしのいだ武智麻呂の長子豊成、そして律令官僚制政治による国家体制を理想に権勢をふるった次子の仲麻呂に関する諸論を収めた。また前著では論及できなかった北家官人で、政治史的にも重視される御楯(千尋)と楓麻呂の二人についての考察も収めている。

著者は、少ない史料から奈良時代の人びとの営みを紡ぎだすことが古代史研究であると思っており、官人個人の動向の考察から政治史を解明しようとするのも、このような考えにもとづいている。それはミネルヴァ書房から刊行した奈良時代前期を取りあつかった『藤原四子』(二〇一三年五月)、中期の『藤原仲麻呂』(二〇一一年七月)、後期の『藤原種継』(二〇一五年一月)の三連作によって奈良時代をとおして論及することができたが、より詳細に藤原氏出自官人に焦点をあわせた個別の官人考察をとおしての奈良時代政治史の解明という目的は、いまだに完遂することができていなかった。これを目的とした北家・式家・京家三家の代表的官人の考察の成果が旧著・前著であるが、このことも南家官人を対象とした本書の刊行で完結することになる。著者としては感慨深いものがある。

今回も前著に引きつづいて岩田書院にお世話になった。代表の岩田博氏には、著者の文章のわかりにくいところを直していただいた。厳しい出版事情のなかでお引き受けくださったことに衷心よりお礼を申し上げたいと思う。

二〇一九年四月

著　者

目次

第二章　藤原北家官人の考察

第一章　藤原南家官人の考察

第一節　藤原武智麻呂
――多治比三宅麻呂・穂積老配流事件と長屋王政権の成立――

はじめに

奈良時代の政権誕生前後には、「長屋王の変」「藤原広嗣の乱」「橘奈良麻呂の変」「藤原仲麻呂の内乱」など、必ずといってよいほど政変・争乱が起きている。しかし、藤原不比等没後に誕生した長屋王政権については、そのような政変・政争のあったことはしられていないが、著者は同じような政変があったと考えている。それが養老六年(七二二)正月にあった多治比三宅麻呂と穂積老配流事件であって、このことが同四年八月の不比等没後の不安定な政情のなかで、政権が誕生してより間もない一年後に起こっていることを思うと、新政権誕生に際しての政変と無関係であったとは思えない。

今までこのことの視点での論及はあまりみられないが、著者は、長屋王政権が、反対派勢力であった三宅麻呂・老らを配流追放した政変を経たことによって成立し、その背景には武智麻呂の政治的挫折があったと推論している。

一　多治比三宅麻呂の参議朝政補任

養老二年三月、不比等は大納言に長屋王を新採、阿倍宿奈麻呂を大納言に昇任させ、中納言に多治比池守・巨勢祖父・大伴旅人を任用した。この太政官は一氏族一人という律令制以前の遺制を残しつつも、不比等にとっては娘婿の長屋王と参議朝政に任じた息子房前を擁して権力の掌握が一層すすんで、「律令太政官制が成立」したという点で画期的なことでもあった。しかし、この太政官も同四年八月に大黒柱の不比等が没して危機に陥った。直後には舎人親王を知太政官事に、新田部親王を知五衛及授刀舎人事に任じて対応している。そして翌同五年正月には、『続日本紀』同月壬子(五日)条に、

大納言従二位長屋王を右大臣とす。従三位多治比真人池守を大納言とす。従三位藤原朝臣武智麻呂を中納言とす。

とみえて、右大臣長屋王、大納言池守、中納言祖父・旅人・武智麻呂、参議朝政の房前に、知太政官事舎人を加えた長屋王を中心とする太政官が構成された。この新太政官で注目されることは、①不比等によって既定路線とはされていたものの二年半の経験にすぎない長屋王が首班となり、②あらたに武智麻呂が不比等の死欠によって参議朝政の房前を越えて正員の中納言に採用され、③これを舎人・新田部がサポートする体制になっていることである。

けれども、もう一つ看過してはいけないことがある。それは不比等とともに長く二人で太政官を支えてきていて養老四年正月に没した宿奈麻呂の欠員が補充されていないという事実である。七人であった太政官が六人に減員している。ところが、『公卿補任』養老五年条には、房前についで参議朝政に多治比三宅麻呂が補任されたことがみえる。任用された期日については「月日任」とあって明記しないが、太政官の人事異動はこの正月の一回であるから、三宅

麻呂が参議朝政に補任されたということであれば同日であったに違いない。尻付には「任三木（以二異本説一所二書入一也）」とみえて、異本によって三宅麻呂の参議朝政補任の事実を掲載したとある。『公卿補任』には新訂増補国史大系本の底本となった流布本のほかに異型本があるとの土田直鎮氏の研究があるが、それによれば『公卿補任』は弘仁二年（八一一）撰述の「歴運記」をもとにして、その後は付けたしたものとしている。(1) 三宅麻呂の参議朝政補任の記事のよった「異本」が何であるかを寡聞にしてしらないが、いずれにしても原が弘仁二年成立の内容であるとすると一考に値する。

この三宅麻呂の参議朝政補任の信憑性であるが、ここでは詳細に論じることはできない。けれども、かつて論じたように、①『続日本紀』に記事はないが、『公卿補任』にみえる天平二十年（七四八）三月二十二日の石上乙麻呂・多治比広足・石川年足・藤原八束四人の参議補任が、その後の四人の『続日本紀』記事の検討から事実と確認できること、(2) ②『公卿補任』尻付は『続日本紀』からの引用のみではなく「功臣家伝」から引載したものもあり、内容は『続日本紀』よりも信頼できることもあること、(3) そして③何よりも三宅麻呂が宿奈麻呂の欠員を補充するものとなっているという事実とともに、加えて④その三宅麻呂が翌養老六年正月二十日に伊豆島に配流された直後、二月十九日に宿奈麻呂の同族である阿倍広庭がただ一人の補任として参議朝政に任じられていることは、三宅麻呂の後任であることを明示しており、三宅麻呂が同五年正月の長屋王の右大臣・池守の大納言昇任、そして武智麻呂の中納言新任の長屋王政権発足の人事で参議朝政に補任されたことは間違いないと思われる。

二　多治比三宅麻呂の参議朝政補任の背景

それでは、なぜ養老五年正月の太政官人事で宿奈麻呂の後任に当然視された同族阿倍氏の広庭[4]が参議朝政に補任されなかったのであろうか。この時、同五年正月からは地震が頻発し、二月には白虹が日を貫くという天皇危難の予兆が現れ、三月には畜馬が制限されるなどしている。そして五月には元明太上天皇が重病となり快復を祈って天下に大赦されるということがあって、政治不安が広がっていた。

その実態がどのようなものであったかのヒントは、養老五年十月十三日に元明が長屋王と房前を召し入れて、没後にも常時と変わらずに政務を執り、近侍官や五衛府は「務めて厳しき警めを加へ、周衛伺候して不虞に備へよ」とし、不慮の出来事に備えて天皇を守護せよと命じたこと、また同月二十四日、元正天皇が身辺警衛をする授刀舎人を管掌する授刀頭の房前に、迅速・機密的活動を保証・指示した[5]「内臣と作りて内外を計会ひ、勅に准へて施行し、帝の業を輔翼けて、永く国家を寧みすべし」との詔を出していることである。この元明・元正の命じた「周衛伺候して不虞に備へよ」、「帝の業を輔翼けて、永く国家を寧みすべし」とは、政変抑止への措置である。元明が没すれば、独身女帝としていまだ皇権力が薄弱である元正[6]のもとでは、政治的動揺が拡大する危険性が大きい。この二つの詔文にみられる焦燥感からして、この詔は具体的な反対派勢力の存在を意識したものであったと推考される。

そして、元明・元正の危惧する反対派勢力の中心にいたのは、著者は武智麻呂だと思う。元明・元正のもとで長屋王を中心とし房前も支持する皇親政治派と、東宮傅で早急な首皇太子（聖武天皇）の即位を念頭に藤原氏独自政権をめざす武智麻呂を中心とした三宅麻呂らの勢力との対立は、徐々に激化する政情にあったと思われる。

三宅麻呂の系譜についてはよくわからないが、大宝元年(文武五年・七〇一)七月に左大臣で没した嶋の弟の麻呂の子で、嶋の子の大納言池守とは従兄弟であったらしい(7)。松本肇氏は、三宅麻呂は霊亀元年(和銅八年・七一五)正月に祖父・旅人・武智麻呂らとともに従四位上に昇り、ついで同元年五月には左大弁に任じられたものの、不比等の没後になるとその躍進ぶりから一転して次第に中枢から退けられたとしている(8)。このことは三宅麻呂が長屋王らの主流から疎外されていた証であり、長屋王と対立する武智麻呂とは政治目的を同じくしていた可能性が高い。

当時の太政官メンバーのうち、のちの天平元年(神亀六年・七二九)二月の「長屋王の変」時のことを参考に推量すると、旅人と房前は長屋王に近く(9)、池守は武智麻呂とともに長屋王宅に赴いて罪を追及していることから、武智麻呂に近い政治的立場にあったといえる。もちろん舎人も王宅に追及しているから同様である。祖父はよくわからないが、その経歴や、甥で養子となった堺麻呂が武智麻呂次子の仲麻呂政権下で参議・紫微大弼・兵部卿を歴任するなどの枢要官人であったことを考慮すれば、長屋王打倒にもっとも尽力した石川石足、仲麻呂側近の年足父子と同様のケースとして武智麻呂に近い立場にあったのではないかと思う。

これらの状況をみると、反長屋王勢力、そして武智麻呂の影響力は思いのほか大きいものであったことが類推される。このような太政官を二分する権力闘争のなかにあって、宿奈麻呂の死欠にともなう後任の参議朝政に誰を任用するかは、権力の動向を左右しかねない状況となっていた。順当では宿奈麻呂と同じ出自である広庭であろうが、後述するように、長屋王との親近な関係を嫌った武智麻呂らが、連任となる政治的有利をも思慮した池守の協力をえて、長屋王派を出しぬいて三宅麻呂登用に成功したのであろう。

三　多治比三宅麻呂の参議朝政追放の背景—三宅麻呂・穂積老事件の真相—

ところが一年がすぎた養老六年正月になって、三宅麻呂が伊豆島に流罪となる事件が起こった。『続日本紀』同六年正月壬戌(二十日)条には、以下に摘記したような記事がみえる。

　正四位上多治比真人三宅麻呂謀反を誣告し、正五位上穂積朝臣老乗輿(元正)を指斥すといふに坐せられて、並に斬刑に処せらる。而るに皇太子(首・聖武)の奏に依りて、死一等降して、三宅麻呂を伊豆島に、老を佐渡島に配流す。

この事件については、元明没後の政情のなかで、藤原氏への反感・批判的動向が元明から首皇太子への皇位継承をめぐっての危機として現実化したと理解するとともに[10]、それは藤原氏のなかでも房前に向けられたものであったとする見解[11]がある。しかしこれが、前述のように三宅麻呂らは親藤原氏派であり、また房前が藤原氏の代表的存在であったと誤解する野村忠夫氏説[12]にもとづくものであることを考慮すると、ありえないことである。

基本的には長屋王と、首皇太子を擁する藤原氏との対立に根ざすもので[13]、長屋王政権に対する反抗運動であったとみてよいが[14]、三宅麻呂の謀反誣告と老の乗輿指斥の具体的な様相が明らかでない。まず中川收氏は、「老が長屋王に不満をもち元正の退位と首皇太子の即位を主張したのを、三宅麻呂が昇進を期待して誣告した[15]」と推考し、これをうけて森田悌・倉本一宏氏もほぼ同様に理解している[16]。老の言動は理解できるとしても、三宅麻呂の誣告が明らかになれば、老は無罪になるはずであるから納得できない。老は、武智麻呂が霊亀二年十月に式部大輔になった時には式部少輔、武智麻呂が養老二年九月に式部卿に昇任すると、老も大輔に昇任、武智麻呂が中納言になると後任の式部卿には宇合が就くが、そこでも老は大輔として宇合に仕えて、老は武智麻呂・宇合兄弟と五年半も上司・下僚の関係にあって武智麻呂から信用されていた。武智麻呂派の三宅麻呂が老を誣告するわけがない。渡辺晃宏氏は、三宅麻呂は政治的対立に敗北し、老は三宅麻呂の処分に不服を表明したのかもしれないとする[17]が、三宅麻呂の敗北についての詳細は記さない。

また横田健一氏の「三宅麻呂は長屋王が元正を批判したことを暴露したが、政府は長屋王を追及することができずに、かえって三宅麻呂を長屋王の無実を告発したとして誣告罪とした[18]」という推測も、前述のように元明が死にのぞんで皇位をも期待した長屋王[19]に後事を託するなど信頼していたことを考量すれば、ありえない。老は中川氏のいうとおり、元正の退位・首皇太子の即位を願うことと長屋王への不満の言動が「乗輿指斥」とされ、三宅麻呂は長屋王への普段からの批判が誣告とされたのであろう。松本氏は事件の背後には、三宅麻呂の参議朝政解任後の後任となった広庭の藤原氏への積極的な協力があったとする[20]。しかし、広庭は娘が長屋王の妻室となって賀茂女王を生んで長屋王とは舅と婿との関係にあることや、長屋王政権下での順調な昇任昇叙の状況、『武智麻呂伝』の「参議高卿」の列記に名がみえないことや、長屋王の変での動向などから考えて、親長屋王派であったことは疑いない[21]。

上述のような政治事情を念頭に、三宅麻呂の追放直後に後任となった広庭が長屋王派であったという事実を併考した時、この三宅麻呂・老の配流事件というのは、長屋王と武智麻呂の権力闘争のなかで宿奈麻呂の後任をめぐり、一時は太政官での主導権確保を目的に三宅麻呂の参議朝政への登用に成功した武智麻呂らに対して、長屋王が政権を確固なものにするために三宅麻呂を誣告理由で追放して、自派閥の広庭を任用したことが真相であったと思われる。

おわりに

三宅麻呂と老の事件は、元正と長屋王を中心とする勢力と、そして元正のもとでの長屋王との連携を維持する房前と乖離して、早い首皇太子への継承を望み、藤原氏独自の政権確立を志向した武智麻呂らとの権力闘争であったと思われる。つまり長屋王政権は、表面上では不比等政権を踏襲して無難に成立したようにみえるが、その内実は権力闘争があって、そう簡単なものではなかったのである。

一度は三宅麻呂を参議に登用するのに成功した武智麻呂らではあったが、一年後に長屋王によって事件が画策され逆転された。これにはあらたに長屋王より大きい政治力が働いた可能性が高く、著者はそれは元正であったと思う。皇位と、信頼する長屋王政権の安定を希求した元正の介入によって、三宅麻呂と老はその言動を意図的に告発されて配流処分となった。元正・長屋王の陰謀に三宅麻呂・老を庇いきれなかった武智麻呂らは、首皇太子をして斬刑を降して遠流にするのが精一杯であった。『続日本紀』が長屋王の右大臣・多治比池守の大納言昇任と武智麻呂の中納言登用のみを記して、三宅麻呂の任参議朝政の事実を載せていないのは、配流事件の素因である元正介入の陰謀を隠蔽するためであろう。二人の罪が長屋王没後も許されることなく、藤原広嗣の乱直前の天平十二年六月まで遅れたのも、そのためである。

武智麻呂らは、この政変での失敗を経験して、六年後に用意周到に再び長屋王の打倒をはかったのが「長屋王の変」であった。この三宅麻呂・老配流事件はその前哨戦として位置づけられる。

註

(1) 土田直鎮「『公卿補任』の成立」(『奈良平安時代史研究』所収、吉川弘文館、一九九四年一一月)。
(2) 木本好信『奈良時代の藤原氏と諸氏族―石川氏と石上氏―』(おうふう、二〇〇四年一二月)四三~四五頁。
(3) 森田悌「『公卿補任』の尻付」(『続日本紀の諸相』所収、塙書房、二〇〇四年一〇月)。木本好信『奈良時代の政争と皇位継承』(吉川弘文館、二〇一二年三月)一六四~一七五頁。
(4) 高島正人「「中納言」・「参議」の新置とその意義」(『奈良時代の藤原氏と朝政』所収、吉川弘文館、一九九九年七月)。
(5) 吉川敏子「奈良時代の内臣」(『律令貴族成立史の研究』所収、塙書房、二〇〇六年二月)。
(6) 岸俊男「元明太上天皇の崩御」(『日本古代政治史研究』所収、塙書房、一九六六年五月)。東野治之「元正天皇と赤漆文欟木厨子」(『日本古代史料学』所収、岩波書店、二〇〇五年三月)。
(7) 高島正人「奈良時代の多治比真人氏」(『奈良時代諸氏族の研究』所収、吉川弘文館、一九八三年二月)。松本肇「多治比三宅麻呂事件について」(『上智史学』一八号掲載、一九七三年一〇月)。
(8) 註(7)松本前掲論文。
(9) 木本好信『大伴旅人・家持とその時代』(桜楓社、一九九三年二月)六~六二頁。木本好信『藤原北家・京家官人の考察』(岩田書院、二〇一五年八月)一一~二九頁。
(10) 註(6)岸前掲論文。註(7)松本前掲論文。寺崎保広『長屋王』(吉川弘文館、一九九九年二月)二〇五~二〇六頁。関口功一「多治比三宅麻呂」(『立教日本史論集』三号掲載、一九八五年一二月)。
(11) 野村忠夫「奈良時代の政治過程」(岩波講座『日本歴史』3・古代3所収、岩波書店、一九七六年三月)。青木和夫『奈良の都』(中央公論社、一九七三年一一月)二七〇頁。西宮秀紀『奈良時代の都と天平文化』(吉川弘文館、二〇一三年一一月）五一頁。
（12）野村忠夫『律令政治の諸様相』（塙書房、一九六八年四月）二五二〜二五五頁。
（13）笹山晴生『奈良の都』（吉川弘文館、一九九二年七月）一一三頁。
（14）直木孝次郎「長屋王の変について」（『奈良時代史の諸問題』所収、塙書房、一九六八年一一月）。
（15）中川收「養老六年の多治比三宅麻呂誣告事件」（『政治経済史学』一〇八号掲載、一九七五年五月）。
（16）森田悌『長屋王の謎』（河出書房新社、一九九四年四月）二二三頁。倉本一宏『奈良朝の政変劇』（吉川弘文館、一九九八年一二月）四七〜四九頁。
（17）渡辺晃宏『平城京と木簡の世紀』（講談社、二〇〇一年二月）一四〇頁。
（18）横田健一「古代女帝の参謀たち」（『講座飛鳥の歴史と文学』二所収、駸々堂出版、一九八一年四月）。
（19）大山誠一『長屋王木簡と奈良朝政治史』（吉川弘文館、一九九三年一月）五九頁。
（20）註（7）松本前掲論文。
（21）木本好信『奈良朝政治と皇位継承』（高科書店、一九九五年四月）七四〜八三頁。木本好信「長屋王と『万葉集』」（『国学院雑誌』九〇巻八号掲載、一九八九年九月）。

第二節　藤原四子体制・武智麻呂政権論
――大友裕二氏の反論に答える――

はじめに

神亀六年（天平元年・七二九）二月に起こった「長屋王の変」後の政治体制について、野村忠夫氏によって、通説となった藤原房前中心の「藤原四子体制」説が『律令政治の諸様相』[1]で提唱されたのは、一九六八年四月のことであった。しかし、この通説に瀧浪貞子氏が検討を加えられ、長屋王打倒と、その後の藤原氏政権は房前が中心ではなく、長兄の武智麻呂であり、ゆえに「武智麻呂政権」とすべきであることを論証された[2]。

このことをうけて著者は、瀧浪説を首肯しつつも、武智麻呂の重要性とともに宇合の果たした政治的役割を重視した[3]。さらに、房前は長屋王の事件以前から、武智麻呂らとは乖離しており、長屋王事件にも積極的に関与することもせずに傍観視していたのではないかと主張した。ゆえに事件後に成立した「武智麻呂政権」は、武智麻呂を主として宇合・麻呂の三兄弟を中心に構成されており、房前は武智麻呂らによって埒外におかれていたと論じた。

木本(a)『藤原四子』（ミネルヴァ書房、二〇一三年五月）。

木本(b)「藤原房前像の再検討」（『政治経済史学』五六二号掲載、二〇一三年七月、のち『藤原北家・京家官人の考察』所収、岩田書院、二〇一五年八月）。

この「藤原四子体制」説についての私見（つまり著者のいう武智麻呂政権論）について、もっとも関説するのが大友裕二氏で、しるところでは三つの論文で疑問を公にされている。

大友(a)「『藤原四子体制』の再検討」（『皇学館論叢』四三巻四号掲載、二〇一〇年八月）。

大友(b)「天平三年八月の参議推挙についての一試論」（『皇学館論叢』四六巻五号掲載、二〇一三年一〇月）。

大友(c)「『藤原四子』子女間の婚姻関係」（『政治経済史学』六〇七号掲載、二〇一七年七月）。

また、著者の武智麻呂・房前乖離論については、房前を過度に重視しない四子の協力体制ととらえるのがもっとも穏当なのではないかとする私見の主旨を一部認める関根淳氏のような理解もあるが、(4) 最近になって松尾光・倉本一宏両氏のように、具体的理由をあげずに否定する見解もでてきた(5)。

松尾・倉本両氏の主張に対しては具体的ではなく答えようもないので、著者の見解はひかえることにして、本論ではまず大友氏の反論に答えることにしたいと思う。

一　大友裕二氏の反論

大友氏は、「藤原四子体制」と「武智麻呂政権」をとくに区別せずに、同義的に認識しているようである。そして大友氏は、四子の子女らが婚姻を結び、血縁的に親密な関係となり、そこに四子の強固な結束があるがゆえに「藤原四子体制」説が成立するという理解を前提に、「藤原四子体制」の否定論を展開している（大友(a)）。そして、①武智麻呂の嫡子豊成・次子仲麻呂と、房前の二人の娘との婚姻は、政治的に強固な結束を意図したものではなく、吉川敏子氏の論旨を援用して(6)、庶子としての房前個人が地位や立場を保って、宗家からの独立を意識してのことであったから「藤原四子体制」成立の論拠とはならないとする。また、②著者が、武智麻呂にもっとも近い協力者であったとする麻呂に関しても、「麻呂が武智麻呂と協力していた姿をあえて想定する必要はない」、「麻呂と武智麻呂が協力関係にあったと論じきることはできない」とする。さらに「藤原四子体制」が成立していたならば、③その主導者武智麻呂の嫡子である豊成の昇進が早くない理由が説明できないとし、④大納言にすぎなかった武智麻呂に政策を主導していく力はなかったとする。そして「『藤原四子』が結束することによって生じる政治勢力や、武智麻呂個人による突出した権力は見出すことができない」と結論づけている（大友ⓐ）。

これらの疑念は、残る二つの論文でも提示されているので、①から④への回答は、のちにまとめて論述する。つづいて大友氏は、天平三年（七三一）八月の諸司主典以上の官人三九六人の推挙の結果による式部卿宇合・民部卿多治比県守・兵部卿麻呂・大蔵卿鈴鹿王・左大弁葛城王・右大弁大伴道足六人の参議登用を主題として、この補任について、従来からいわれてきた武智麻呂が領導して弟の宇合や麻呂、親しい県守や道足をあらたに太政官に加えたことから、ここに「藤原四子体制」「武智麻呂政権」が成立・確立したという通説に論及されている[7]（大友ⓑ）。大友氏は、「「藤原四子体制」論は、野村氏が提唱されて以来、通説として広く認識されてきた。それが木本氏の近著（木本ⓐ—引用者注）によって、「武智麻呂政権」論へと移行することになるだろう」としながらも、「なお検討課題が残されている以上、蓄積された成果を継承しつつ、議論を重ねていくことが肝要である」との思いから再び論述して、「天平三年八月の参議推挙の実相は、史料が伝える以上に（武智麻呂の—引用者注）意図的なものはなく、「武智麻呂政権」の成立ないし確立に結びつけることができないと結論づけたい」とも述べて、著者の「武智麻呂政権」論に疑問を呈している。

それでは単刀直入に聞きたい。なぜ武智麻呂ら藤原氏は長屋王を打倒する陰謀を企んだのかと。しかし、こういってしまえば身も蓋もない。実証的に大友氏の主張に答える努力をしてみよう。

大友氏は、宇合・麻呂の参議就任が武智麻呂政権の成立に結びつかないという理由について、まず本川清裕氏の、参議推挙は皇親勢力と武智麻呂両勢力が結集・推進して、それぞれの思惑どおりの人物を参議に登用したとする見解(8)を紹介しつつ、自説を展開している。それを要約すると、

⑤聖武天皇の勅に応じた「主典已上三百九十六人」が推挙した結果であり、武智麻呂の意図した人事だとは考えられない。

⑥候補者としては八省卿も候補となるが、宮内卿や治部卿らの在任も想定されるなか、式部卿の宇合、兵部卿の麻呂が必ず選ばれる確証はもてず、武智麻呂の策略実現の蓋然性が低い。そして、これは先述した(③と同様の)こと、

⑦武智麻呂の嫡子豊成が、(武智麻呂政権下であれば昇叙・昇任するはずが―引用者注)これ以降も際立った出世がない

の三つにまとめる(大友ⓑ)。

さらに最近になって大友氏は、上述した①の件に特化して論及している。繰りかえしになるが、「藤原四子体制(武智麻呂政権)」の成立ないし勢力拡大について、藤原四子の子女間の「婚姻関係によって一族の結束を固め、政界での立場を固めていった」ことが著者の論拠のひとつになっているとして、このことに焦点をあわせて再び「藤原四子体制(武智麻呂政権)」の成立に疑問を示している(大友ⓒ)。その結果、藤原四子の没する以前で四子の子女間の婚姻関係が確認できるのは、武智麻呂の長子豊成と房前の娘駿河古、次子の仲麻呂と房前の娘袁比良の二例だけで、この

ことから藤原四子が「政略結婚を介して結束し、勢力の拡大を図っていたとみる積極的な根拠とはならないことを意味していよう」とする。そして婚姻関係のほとんどは天平九年以降のもので、この時の疫病による一族の多くの人びとの薨卒や、同十二年の藤原広嗣の乱による藤原氏の危機的状況の打開を狙って案出した手段だったと主張する。大友氏の四家相互の婚姻関係を個別に検証しての、四子らが「政略結婚を介して結束し、勢力の拡大を図っていたとみる積極的な根拠とはならないことを意味」するとの結論は、著者の成果(木本ⓐ)をも援用した詳細なものである。

二　大友裕二氏に答える

それでは、大友氏の疑問・反論について、①から順次、著者の見解を述べてゆこう。

たしかに四子間の子女の婚姻によって結束を保っていたことは、「藤原四子体制」が成立していたことの論拠とはなりうるとは思う。しかし、子女間の婚姻のみが四子紐帯の必須条件と考えるのは適切な認識ではない。二例のみだというが、長兄武智麻呂と一歳年下の房前の子女との年齢差、房前より一三歳年下の宇合らの子女との年齢差や、その他の条件もあって、天平九年までに相互の婚姻が結ばれなかったのかもしれないし、子女の婚姻関係のみで四子の連携・結束がはかられていたわけではあるまい。著者のみるところ、必ずしも二例だけとは断定できず、これ以外の婚姻の可能性もあり、大友氏の主張することが決定的な論拠になるかというと躊躇せざるをえない。Ⓐ婚姻関係がなくとも、兄弟そのものの人間関係や政情への対処方法などが共通項としてあることだけでも、「藤原四子体制」「武智麻呂政権」成立の条件は十二分に満たされるものと愚考する。

②の麻呂と武智麻呂が協力関係にあったとは論じきれないということについては、武智麻呂は長屋王を追及して自

殺に追いこみ、宇合もまた兵士を率いて長屋王宅を囲んでいることが記されているにもかかわらず、麻呂については長屋王の変での具体的な動向が房前と同じようにしることができないという事情からの記述であろう。

しかし、このことについては旧著（木本ⓐ）で明記している。まずⒷ長屋王の変後の論功行賞で麻呂は従三位に昇叙している。これによって何かしらの役割を果たして協力したことが推察できる。その具体的なことの一つが、Ⓒ長屋王謀反の密告である。密告者は漆部君足ら三人だが、これらは「左京の人」とあるから「養老獄令」告密条の規定によって「当処の長官」である左京大夫の麻呂のもとに告発されたものと思われる。告発をうけた麻呂は、やはり「養老獄令」告言人罪条によって虚言を防ぐために三回真偽を審査したはずである。そして謀反以上の罪にあたる場合、虚言であれば密告者は斬罪となる規定があった。のちに長屋王は無罪で密告は誣告であったことが明白になったことを思えば、密告者は麻呂による自身の保全確約をえたうえでの密告行為だったと思う以外にない。このことから君足らの密告に麻呂が関与していたことは間違いないし、うがった見方をすれば密告させたのは麻呂であったとも推考される。中川收氏は、君足がかつて麻呂の配下にいた官人ではなかったかと推断している[9]。

この年の六月には河内国古市郡の賀茂子虫が獲た瑞亀を献上して「天平」と改元されるが、これは長屋王の領導時代をイメージする「神亀」を棄て、新しく藤原氏政権が成立したことを誇示するものであったと思うが、Ⓓこの「天平」への祥瑞改元を唱導したのも、ここでは詳細に述べないが麻呂であった。「養老」や「神亀」への改元も麻呂が関与している[10]。加えて、Ⓔ平城京左京二条二坊五坪の麻呂邸跡が発掘され出土した「二条大路木簡」によって、天平七年六月に石見国那賀郡から「右大殿」、つまり右大臣武智麻呂宅に進上された海藻が、その後に麻呂宅に贈られていたことがわかる。また「二条大路木簡」の多くから、麻呂の家政機関に武智麻呂の家政機関の人員が派遣されて密接な関係にあったことが確認されている[11]。これらの事実から推して、麻呂は長屋王の変やその後も武智麻呂政権への協力に積極的であり、武智麻呂との関係もすこぶる良好で、長屋王事件にも重要な役割を果たしていたことが確定される。

そして③(⑦)であるが、豊成は薨伝によると養老七年(七二三)に内舎人・兵部大丞に任じられていたとある。二〇歳のことである。翌年の神亀元年(養老八年・七二四)二月には聖武の即位にともなって正六位下から従五位下に二階昇叙して、兵部少輔に転任したことが『続日本紀』にみえる。

「養老選叙令」授位条は二一歳の蔭位での出身を規定しているが、豊成はこれ以前にすでに正六位下の位階にあったのである。従五位下の蔭階は、「養老選叙令」五位以上子条には「一位の嫡子」のものとある。父の武智麻呂はこの時には従三位であったから、豊成の蔭階は従六位上である。祖父不比等の贈正一位の蔭孫だと正六位下となる。二歳年下で同母弟の仲麻呂が従五位下に昇叙したのは天平六年正月のことで、三一歳の時のことであるから、Ⓕ思慮すると豊成は仲麻呂より一〇年も早く、特別の恩遇をうけていたといえる。これは藤原氏嫡流の南家嫡子への別勅による処分であって、蔭叙に際して位階に反映される。しかし、この特典は蔭叙時のみであって、これ以降も特典が応用されると他の官人との落差が一層大きくなることの配慮から、行われることはまずない。よって、武智麻呂が政治を領導していたといっても、他の官人との調和を考慮して、その後の昇叙が早くなるということはない。武智麻呂政権下にあっても、豊成への昇叙が天平四年正月の従五位上への一階だけであったのも、このような事情があったものと考えれば問題がないと思う。詳細は次節参照。

④であるが、忘れてならないのは、元正太上天皇の支持のもとに政策を遂行していた時の権力者である長屋王の打倒を主導したのは武智麻呂であったということである。Ⓖその武智麻呂の政界への政治的影響力は想像を越えるものであったことを理解しなければならない。大納言にすぎないとはいっても、左右大臣を欠き、上席にいた多治比池守

は天平二年九月に没し、これに代わって大納言に昇格した大伴旅人も同三年七月にあいついで没して、知太政官事に舎人親王がいたものの、大納言は武智麻呂一人である。大納言は「庶事に参議する」ことなどが職掌であるが、「義解職員令」太政官条は大臣がいなければ大納言が代わって「専行することができる」と注するから、武智麻呂が実質的に大臣の政務を専行していたのである。

舎人の存在が問題だが、かつて論じたように、長屋王事件直後の天平元年四月には、「舎人親王の朝庁への参入に際しては、諸司官人が座を下ることをしなくとも良い」との太政官処分が出されている。「養老儀制令」庁座上条には、「親王及び太政大臣を見れば座を下る」との規定があるから、これは皇親勢力の後退、知太政官事機能の形式化、そして藤原氏への実質的な屈服とみる見解があるが、概ね納得できる。しかし、『続日本紀』の当該条には、「舎人親王の朝庁に参り入る時」として、この処分の対象を舎人に限定している。麻呂の同母兄である新田部親王にはこの処分がなかったと思われるから、武智麻呂らが舎人を権力から遠ざけ、軽視していた傍証となるから、ますます武智麻呂の政治的権限の大きさをしることができる。

⑤に移ろう。まず、これに答えるまえに本川説であるが、これは参議に登用された人物のうち、宇合・麻呂が武智麻呂の、葛城王・鈴鹿王が皇親勢力の推挙と理解したのであろうが、このような理解のほかに、まずは以下に記述するように各自の帯任していた官職の職掌の重要性に注視すれば、参議推挙の実相は本川氏の理解とは別のところにあったことが明確になる。

著者も旧著（木本ⓐ）で論じたように、Ⓗ宇合は式部卿、麻呂は兵部卿、葛城王と道足は左右大弁で、ともに枢要官司の長官で、職掌上からしても太政官構成員としては至極当然である。たとえば、四子没後の天平十二年の太政官は右大臣橘諸兄を除くと七人で、その兼任は式部卿・兵部卿・民部卿・右大弁に、摂津大夫・大養徳守・式部大輔で重なる。また多治比県守は民部卿兼任で、道足とともに長屋王の変時に長屋王邸宅を囲むための宇合率いる六衛兵士の差発を太政官内で可決するために急遽「権参議」に任用されたほどの武智麻呂派であったことを思慮すれば、この新任参議の補任は、大臣を欠く太政官にあってただ一人の大納言であった武智麻呂の意図のもとにすすめられたことは間違いない。

この参議登用に際して、三九六人の推挙を求めたのは、これも旧著で論じたが、武智麻呂らにとって政権を確固とする目的から、自派閥よりの選任を願っていたが、長屋王打倒の直後で政情が不安定であり、かつ他勢力の反発を緩和することが求められており、何よりも強引との批判を避け、政界の総意の結果であったとする正当性を示そうとした方策であったと推考する。

この結果を武智麻呂の意図の反映だと解せずに、三九六人の自由意思の結果によるものであると解するのは素直にすぎる。元正の信頼をうけ、左大臣という最高権力者であった長屋王を打倒した武智麻呂らの意志が奈辺にあるかをしらない官人は、この時の政界にはいなかった。このことを念頭にすれば、⑥の論拠は意味をなさなくなると思うが、Ⓘまず八省卿から選出するとなれば、それは式・兵部省の卿がもっとも可能性が高い。式・兵部卿と、宮内・治部卿とを政治上同格として論じることはできないし、その職掌に任じられている公卿のその政治的地位がおのずから異なるのは当然である。

おわりに

以上、大友氏の反論①から⑥について、簡略ではあるがⒶからⒾにまとめて答えてきた。これによって大友氏の疑念は払拭できたと思う。

註

(1) 野村忠夫『律令政治の諸様相』(塙書房、一九六八年四月)二八四〜二九八頁。
(2) 瀧浪貞子「武智麻呂政権の成立」(『古代文化』三七巻一〇号掲載、一九八五年一〇月、のち『日本古代宮廷社会の研究』所収、思文閣出版、一九九一年一一月)。
(3) 木本好信「藤原四子体制と宇合」(『古代文化』四四巻一号掲載、一九九二年一月、のち『奈良朝政治と皇位継承』所収、高科書店、一九九五年四月)。
(4) 関根淳「奈良朝政治史研究に関する一考察」(『史聚』四七号掲載、二〇一四年三月)。
(5) 松尾光「万葉集時代の古代宮廷情勢」(『万葉集と東アジア』所収、竹林舎、二〇一七年九月)。倉本一宏『藤原氏の研究』(雄山閣、二〇一七年一一月)一三五頁。
(6) 吉川敏子「律令貴族と功封」(『日本史研究』三八七号掲載、一九九四年一一月、のち『律令貴族成立史の研究』所収、塙書房、二〇〇六年二月)。
(7) 註(1)野村前掲書。中川收「藤原四子体制とその構成上の特質」(『奈良朝政治史の研究』所収、高科書店、一九九一年五月)。註(2)瀧浪前掲論文。
(8) 本川清裕「天平三年八月の参議推挙の実相」(『古代史の研究』九号掲載、一九七八年二月)。
(9) 中川收「長屋王の変の密告について」(『政治経済史学』四〇〇号掲載、一九九九年一二月)。
(10) 水口幹記「藤原朝臣麻呂の祥瑞関与」(『早稲田大学大学院文学研究科紀要』四分冊四一号掲載、一九九六年二月)。

木本好信「藤原麻呂の美濃介補任意図」（『奈良平安時代の人びとの諸相』所収、おうふう、二〇一六年一〇月）。

（11）奈良文化財研究所編『平城京長屋王邸跡・本文編』（吉川弘文館、一九九六年三月）第Ⅴ章（渡辺晃宏氏執筆）。

（12）註（1）野村前掲書、二七六頁。

（13）木本好信「長屋王政権の実体」（『奈良朝政治と皇位継承』所収、高科書店、一九九五年四月）。

第三節　藤原豊成
――奈良時代中期政治の一動向――

はじめに

かつて著者は、奈良時代政治の「過程のなかでは長屋王首班体制、橘諸兄政権という藤原氏の雌伏時代、そして称徳・道鏡政権という異形な政権時代もあったが、やはり奈良時代政治史の潮流は常に藤原氏の存在とともにあったといえよう」との定見を示し、ゆえに「奈良時代政治史の解明ということを考えれば」、藤原氏官人個人をとおしての考察も有効な方法だとの見解を開陳したことがある(1)。

このような定見によって、藤原四家のうち式家の出自官人については『藤原式家官人の考察』(2)を、つづいて藤原北家と京家官人については、『藤原北家・京家官人の考察』(3)をまとめた。けれども、嫡流の藤原南家の官人については、『藤原仲麻呂』(4)を一冊として著述する機会はあったが、その考察は他の兄弟にまでおよんではいない。そこで藤原南家の官人のうち、まず長兄である豊成に焦点をあわせて考えてみよう。

豊成は天平勝宝八歳(七五六)二月に左大臣橘諸兄の致仕をうけて右大臣として太政官を主導し、一時は同九歳(天平宝字元年・七五七)七月に起きた「橘奈良麻呂の変」に関わったとして弟の仲麻呂によって左降の憂目をみるが、仲麻呂が「仲麻呂の内乱」によって近江国高島に敗死すると、ただちに太政官の首班として復帰している。けれども、その翌年の天平神護元年(天平宝字九年・七六五)十一月には没して、右大臣職にあって太政官を領導した期間は併せても二年半と短い。しかし、「橘奈良麻呂の変」という政変や、「称徳女帝・僧道鏡」による政権時に右大臣位にあったことから豊成の動向は重要視されると思うが、その視点での考究は意外と少ない。(5) よって、豊成の考察をとおしてあらたに奈良時代中期政治の一端でも解明できればと思う。

一　出自と出生・出身

豊成の出自・出生については、『続日本紀』天平神護元年十一月甲申(二十七日)条にみえる薨伝に、

右大臣従一位藤原朝臣豊成薨しぬ。平城朝の正一位贈太政大臣武智麿の長子なり。(中略)薨しぬる時、年六十二。

とある。

逆算すると、慶雲元年(大宝四年・七〇四)生まれということになる。父は藤原(中臣)鎌足の嫡孫である武智麻呂で、豊成の出生時には二五歳であった。母については薨伝にはみえないが、『尊卑分脈』武智麿公孫には「安陪真虎の女」、異本として「真吉の女」、『公卿補任』天平九年(七三七)条には、「従五位下安倍朝臣貞吉の女、貞媛娘なり」とある。そして『藤氏家伝』の「武智麻呂伝」の末尾には、「公に嫡夫人あり。阿倍大臣の外孫なり。子二人を育ふ。其の長子を豊成と曰ひ」(6) とみえる。阿倍大臣とは、大宝三年(七〇三)閏四月に右大臣で没した御主人のことである。つまり、阿倍御主人の娘と同族の真虎(真吉・貞吉)との間に生まれた貞媛娘というのが豊成の母であったらしい。武智麻呂と貞媛娘との結婚は、大納言であった藤原不比等が、御主人の外孫を長子である武智麻呂の妻に迎えることによって、旧氏族の阿倍氏と政治的連携をむすんで将来の発展を期したことによるものであろう。不比等は同じように、三子宇

合に物部氏の後裔である石上氏からも左大臣麻呂の娘国盛（国守）を迎えている。

豊成の出身については、薨伝には養老七年（七二三）に内舎人となり、兵部大丞を兼任したとある。そして神亀元年（養老八年・七二四）二月には正六位下から従五位下に二階昇って叙爵、また転任して兵部少輔に任じられている。この叙位は、聖武天皇が即位した慶賀によるもので、この時には長屋王が左大臣に昇任してあらたに長屋王政権が強化されている。これをみると、豊成は叙爵前にはすでに正六位下である。「養老選叙令」授位条は蔭による二一歳以上での出身を規定しており、これに抵触する。ただ神亀元年に二一歳となり、「養老選叙令」五位以上子条によって、祖父不比等の贈正一位の蔭孫ということから、すでに二月以前に正六位下に叙せられていた(7)のかもしれない。北家嫡子の永手・式家嫡子の広嗣が天平九年に叙爵した時は三階昇っているが、永手は二四歳、広嗣も同じくらいであったから、やはり嫡家南家の嫡子であった豊成の叙爵は早いものであったことがわかる。

その後、天平四年正月には従五位上に昇っているが、叙爵してから八年も経っている。これは先述したように叙爵が早かったこともあるが、この時期が父武智麻呂らの雌伏期の長屋王政権下であったことも影響しているのかもしれない。ただ、長屋王の変後には武智麻呂主導の体制が成立するから早い昇叙があってもよかった。長屋王打倒の論功行賞をも含めて同元年三月、「天平」改元による同元年八月の叙位、同三年正月の定例叙位などの選叙に豊成が漏れていることは不思議なことではある。けれども長屋王打倒後の政情不安もあり、大納言の武智麻呂が宇合・麻呂ら弟を参議として登用して太政官を領導するようになるのは、同三年八月以降のことであったから、同四年正月

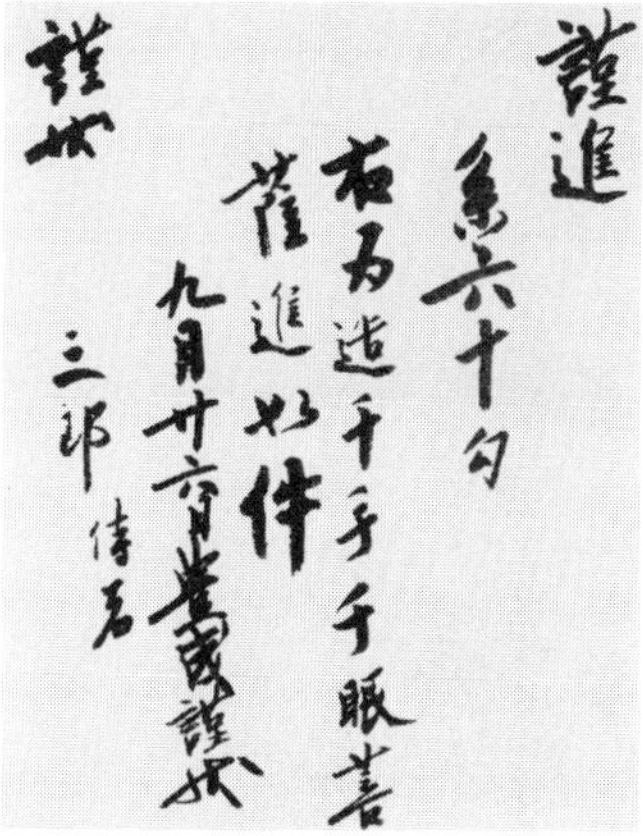
【藤原豊成自筆書状（正倉院宝物）】

まで遅れたのであろう。

二　橘諸兄政権と留守司

その後、天平九年二月には二階昇って正五位上に叙されている。これは定例の昇叙であろうが、直後の同九年九月の従四位下への昇叙は、武智麻呂を中心とする太政官メンバーの疫病による病死での突然の藤原氏政権瓦解への対処策の一環としてとられたものである。この時の太政官は八人で構成されていたが、右大臣の武智麻呂をはじめ房前・宇合・麻呂の藤原四兄弟に加えて中納言の多治比県守も没して、生き残ったのは参議にすぎない諸兄・鈴鹿王・大伴道足の三人のみであった。そこで急遽、同九年八月に県守の後任に多治比広成を参議に加えて、翌月には舎人親王を知太政官事に迎え、諸兄を大納言に昇格させるなど政治体制の再構築がはかられたが、政治不安はそう簡単に払拭できなかった。この疫病によって多くの公卿官人が没して人材面でも大きな損失を被ったが、なかでも政権の中枢を構成していた藤原氏では武智麻呂ら四兄弟という中心的存在を失った。この凋落した藤原氏の復活が息子世代に託されることになったのは当然のことであって、聖武はもちろんのこと、生家のことゆえ光明皇后にはその思いがより強くあったことは当然であろう。その期待をもっとも寄せられたのが他ならぬ豊成であった。

よって、天平九年二月に二階昇って正五位上とはなっていたものの、間をおかずにさらに従四位下に昇叙されたのである。そして同九年十二月に豊成が参議に登用され議政官となったのも、同様の意図によったものであろう。この時に豊成の実弟乙麻呂と、上述の北家嫡子の永手、式家嫡子の広嗣の三人が揃って従六位上から三階昇って叙爵しているのも、同じ理由からである。

豊成が参議に任じられた時の『続日本紀』天平九年十二月辛亥(十二日)条には、「兵部卿従四位下藤原朝臣豊成」と記されていて、すでに兵部卿に在任していたことがわかる。前述のように豊成は、養老七年に兵部大丞、神亀元年に兵部少輔に昇り、転任を重ねて兵部卿に任じられたのであるが、それはいつのことであろうか。まず、それよりも卿任官前は兵部少輔であって大輔を越任して卿に任官したのか、大輔からの昇任なのかわからない。大輔の官位相当は、「養老官位令」では正五位下であるし、一〇年も少輔に在任しての卿への越任ということはあまり例がない。従五位上に昇叙した天平四年正月以後で、大輔の任にあった中臣東人が同五年三月に刑部卿に遷任した(8)のちを襲って大輔に任じていた可能性もあるが、兵部少輔から大輔に転任せずに他官司に遷任していて、大丞・少輔時代の経験をかわれて兵部卿に登用された可能性も考えられる。補任されたのは、それまでは藤原麻呂が在任していたのであるから、麻呂が没した同九年七月直後のことであろう。

その後、天平十年正月になって諸兄は右大臣に昇任して太政官の首班となるが、だからといって橘諸兄政権が成立したわけではなく、宇合の嫡子である広嗣が藤原氏復権を目的に諸兄と鋭く対立するようになってゆく。広嗣は広く藤原氏の勢力を糾合できなかったが、母である石上国盛(国守)の兄弟で左大弁を帯任して実力者であった石上乙麻呂や、父宇合と親しい関係にあった小野牛養・中臣名代・高橋安麻呂らと、反諸兄勢力を構成していた(9)。このような不穏な政治動向のなかで同十一年正月には定例の叙位が行われているが、この叙位で豊成は二階昇って正四位下に叙せられている。ただ、この叙位は定例ではあり、諸兄自身も従二位に昇っていることは当然といえるかもしれないが、注目したいのは県犬養石次が従四位下に二階昇叙していることである。

これは、諸兄が欠員の多い太政官を強化することを前提に参議を補充することを念頭においたものであった。当時の状況からすると、参議登用にはまずは従四位下以上の官位が必要であったから、石次の昇叙は、諸兄が母である県犬養橘三千代と同族で親しい関係にあった石次を参議に登用して協力をうるためのものであったことは明らかである。(10)この時に従四位下以上の官位にある者は八人ほどいたが、前述の乙麻呂をはじめ牛養・名代・安麻呂ら宇合と親交のあった者は採用されずに、大野東人・巨勢奈弖麻呂・大伴牛養と石次が参議となり、ここに橘諸兄政権は成立したのである。ゆえに定例とはいえ、この時の叙位には、諸兄の政権成立を目的とした画策があったことを看過するわけにはゆかない。このことからすると、豊成は藤原式家の広嗣らとは一線を画して、諸兄から藤原氏の代表として遇され、また信任されて政権のなかで有力な存在となっていたことがわかる。

その後、天平十二年二月になると、豊成は『続日本紀』同月甲子(七日)条に「難波宮に行幸したまふ。知太政官事正三位鈴鹿王、正四位下兵部卿藤原朝臣豊成を留守とす」とみえるように、平城京留守司に任じられている。この頃に聖武は頻繁に行幸している。前年三月には二日から五日まで、二十三日から二十六日までと、ともに四日ほどであるが、二回も甕原離宮(恭仁)に行幸している。そしてこの度の難波宮行幸の後も、五月には相楽別業、十月には伊勢国へ発ち、十二月には恭仁宮にとどまって平城京には帰っていない。そして同十三年閏三月十五日には、平城京留守司の大野東人・豊成に詔して、五位以上の官人の恭仁京への移住を命じている。

豊成は、聖武行幸中はずっと平城京にあって留守司であった。ようやくその任が解かれて平城京を離れたのは、『続日本紀』天平十三年九月丁丑(三十日)条に、「宇治と山科とに行幸したまふ。五位已上皆悉く駕に従ふ。奈良留守兵部卿正四位下藤原朝臣豊成を追して留守とす」とあるから、恭仁京留守司を命じられたこの時であろう。ただ、恭仁京留守司は還幸の十月二日までであったろうから短かった。しかし、恭仁を三日留守するだけで、豊成の平城留守司を免じてあらたに恭仁留守司に任じていることをみると、聖武には平城から恭仁に遷都した事実を周知させるという意図のほかに、「留守司を任すのなら豊成だ」との意識があったと思われる。このような聖武の意思は、具体的にはどのようなものであったのだろうか。

留守司(留守官)については、仁藤智子氏が詳細に論じて、七世紀の天皇の恣意的・人格的な選定から、天平期頃には官職を第一義的にみる律令官僚制に則ったものに変わっていたとし、豊成の補任は律令官僚制を機能させるうえで必要な要職についていたからだとする(11)。これに対して大友裕二氏は、たしかに豊成は兵部卿を帯任しており、これが仁藤氏のいう理由から任された留守官選定の根拠には違いないが、和銅三年(七一〇)三月の平城京への遷都にともなっての旧都藤原京の留守を命じられていた左大臣の石上麻呂が元明・元正両女帝から信頼されていたとする拙論(12)を援用して、天皇との信頼関係も無視はできないとする(13)。

豊成が留守司に任じられた当初の天平十二年二月は、知太政官事の鈴鹿王と一緒で、同十三年閏三月には大養徳守大野東人と、同十七年八月には同じ中納言である巨勢奈弖麻呂と一緒である。同十三年閏三月に東人が任じられたのは、大友氏がいうように平城京に住まいする人びとを新京である恭仁京に移住させなければならなかった国守という職務であることからの臨時的なものだと考えられるが、それでは国守ではなく都城を直接に管理する左右京大夫が最適任だとも思うが、東人の存在感が評価されたのかもしれない。そうすると、鈴鹿王と奈弖麻呂が留守司に任じられた要因としてはどのようなことが考えられるだろうか。

鈴鹿王が留守司に任じられたのは、豊成任用の理由とは少し違って太政官の責任者としての職責であったと思う。左大臣の麻呂がそうであった。政治の実権は右大臣である不比等が掌握していたから、政治的には大きな影響力がなかったとはいえ、やはり今までの旧都の留守ということになると、太政官を代表するような立場の者が適任と判断されたものと思われる。この時も実権は左大臣諸兄が掌握しており、知太政官事である鈴鹿王は、麻呂と同様に太政官を代表する立場にあったからであろう。そして奈弖麻呂に代わったのは、鈴鹿王が天平十七年九月に没したことと無関係ではない。鈴鹿王が没しようとしている今、諸兄を留守司に用いることはできないから、諸兄の次席（大納言は欠員）である奈弖麻呂が選任されたのであろう。そうすると留守司は、概ね一人は太政官を代表する地位にいる者が採用されたということができる。それではもう一人の豊成はというと、兵部卿という留守司の職責が求める官職に任じられているからであったと理解してよいようにも思われるが、必ずしもそうとはいえない例がある。

豊成が留守司に任じられたのは、天平十二年二月から同十七年八月までの都合四回であるが、ほぼ同時期に実弟の藤原仲麻呂も留守司を命じられている。同十四年八月には紫香楽宮行幸時に摂津大夫の大伴牛養と平城留守に、同十四年十二月にも紫香楽宮行幸時に平城留守、同十六年正月の難波行幸時には恭仁宮留守に任じられている。そして、この時に仲麻呂の帯任職は民部卿であったから、どうも留守司という職責とは直接的な関係はあまりないような気がする。紙幅のこともあって詳細は記述しないが、豊成が同九年二月に従五位上から正五位上に叙されて以降、同二十年二月に従二位に至るまで一一年間で九階昇っているのに対して、仲麻呂は同十一年正月に従五位下から従五位上に昇叙して以降、同二十年三月まで九年間に豊成と同じ九階昇叙している。九年にわたって一年に一階昇るなどということは、仲麻呂にかぎってのことであってまず他に類例がない。

この事実は、藤原氏嫡流南家の嫡子としての豊成と次弟仲麻呂への聖武の信頼の優位が交錯していたからであろう。仲麻呂が、同十二年十月の伊勢行幸時に前騎兵大将軍として聖武の身近に侍ったことを契機として、聖武の信頼をえて股肱の臣となっていたことがわかる。このことをきっかけとして、仲麻呂はのちには豊成を凌いで権勢を独占して太師、つまり太政大臣へと駆けのぼってゆくことになる。そして、この仲麻呂への厚遇は聖武自身より、もっぱら叔母である光明の仲麻呂に対する期待の結果であったことは、この後の政治動向を理解すれば納得できる。著者には、聖武が豊成を、光明は仲麻呂をより重用していたように思われる。

このような事実を検討すれば、豊成が留守司に任用されたのは、仁藤氏のいうように兵部省官人として経験を積んできた兵部卿であり、天皇を周衛する精強な衛府の長官である中衛大将という帯任職が重視されたということではなく、大友氏が注視したように、天皇である聖武の信頼が大きく作用したと理解することにこそ妥当性があると判断される。

また、豊成は留守司に帯任中の天平十二年十月には、『続日本紀』十月壬午(二十九日)条に「伊勢国に行幸したまふ。知太政官事兼式部卿正三位鈴鹿王、兵部卿兼中衛大将正四位下藤原朝臣豊成を留守とす」とあることからもわかるように、兵部卿に加えて上述のように中衛大将をも兼任していた。中衛府が天皇を周衛する職務であったことから、豊成が聖武からの信頼のあつかったことを証明している。いつから兼任していたかだが、前掲の同十二年二月甲子条には「正四位下兵部卿藤原朝臣豊成」とあるだけで中衛大将との記事はみえない。そして同じ鈴鹿王も二月甲子条には、本官の「知太政官事」だけで兼官の式部卿を載せてはいない。だからといって、二人とも二月に兼官を命じられてはいなかったとすることはできない。神亀五年七月の創設当初から中衛大将には房前が在任していたことがしられているが、それも没する以前の天平八年十一月頃までには解任されていたらしい(15)。つまり房前の後任が豊成の前任者の可能性が高いが、それが誰かわからないから、豊成の任官時も不明である。中衛大将の相当官位は従四位下であるから、豊成が従四位下に叙せられた同九年九月か、兵部卿に加えて参議となった同九年十二月頃までは遡るかもしれない。あるいは『公卿補任』同十二年条が「正月日兼中衛大将」とするように、同十二年正月が真相かもしれない。

また薨伝には天平十四年に「従三位中務卿」とあり、『公卿補任』同十四年条にも同じことがみえる。しかし『続日本紀』本文にはみえない。同十三年九月までは兵部卿、同十五年五月には兵部卿の在任が確認される。そこで栄原永遠男氏はその間の同十四年に中務卿に任じていて兵部卿→中務卿→兵部卿と遷って、中務卿の在任は一年に満たなかったとする。[16] 前任者は塩焼王であったが、同十四年八月までの帯任が『続日本紀』にみえる。塩焼王は同十四年十月（二十二日）には平城の獄につながれ、直後に伊豆国への流罪に処せられている。詳細はわからないが、聖武の娘婿（不破内親王の夫）である塩焼王の流罪は政界の大きなスキャンダルとなったはずである。よって豊成の中務卿任官は急遽この事件の結果を受けたもので、同十四年十月から同十五年五月（五日）以前までの「半年余」であったとみてよい。

三　橘奈良麻呂の変と左降

豊成が左大臣諸兄の致仕をうけて、右大臣として太政官首班となったのは天平勝宝八歳二月のことであったが、その翌年には橘奈良麻呂の変に関与したとして大宰員外帥に左降されている。つぎはこの事件について論及する。

奈良麻呂の変は、天平宝字元年（天平勝宝九歳・七五七）七月に起こった政変で、聖武太上天皇が娘の独身である孝謙女帝の皇太子として遺言指名した道祖王を、光明皇太后と仲麻呂らが廃太子として追放し、あらたに大炊王を擁立したことに対する不満を要因とするものであった。聖武といえども、孝謙即位後に決めるべき皇太子を八年間も決められずに最期に遺言でということになったのは、諸公卿たちが思い思いに塩焼・道祖・安宿・黄文・船・池田王などを擁して政情が混沌としていたからであった。このなかで豊成は北家の永手とともに塩焼王を推している。塩焼王は道祖王の兄で、祖母は天武天皇夫人の藤原五百重娘である。聖武が道祖王を指名したのも自分と同じ藤原氏の血を引いていたことも理由であったろう。栄原氏は豊成が永手と語らってともに塩焼王を推したことについて、塩焼王は仲麻呂とも関係が悪くはないことなどを考慮したすぐれた政治的バランス感覚と評価する。[17] たしかに聖武の思いを考えれば、あるいは当然のことかと思う。

けれども塩焼王はこの件で不適格と判断された理由のとおり、かつて聖武によって流刑に処せられたことがあったから、これを推した豊成の判断は政治的にバランス感覚があったかは疑問である。天皇に流罪の過去があるなどのことはありえない。結局は光明の主導のもとに仲麻呂の推す大炊王が立太子する[18]。この理由が「過悪を聞かず」であったが、これは塩焼王のことを念頭にしたものであったと思う。これに対する光明＝仲麻呂らへの瞋恚は大きく、なかでも奈良麻呂は父諸兄が没したことからの焦燥もあって、一〇年来抱いてきた光明・仲麻呂の打倒計画を実行する。しかし、この奈良麻呂らの計画は密告もあって事前に仲麻呂の察知・鎮圧するところとなって、奈良麻呂を中心とする反仲麻呂派は潰滅することになる。その過程で、豊成の行動が右大臣としての職責を欠くものであり、事件に関与したとして追及され、右大臣を解任のうえ大宰員外帥に左降されたのである。

事件のことは『続日本紀』に詳細であるので、豊成に関する部分を以下に摘記する。

(一)天平宝字元年(天平勝宝九歳・七五七)七月戊申(二日)条

去ぬる六月に、右大弁巨勢朝臣堺麻呂、密に奏さく、「薬方を問はむが為に、答本忠節が宅に詣でしとき、忠節因て語りて云はく、『大伴古麻呂、小野東人に告げて云へらく、〈人の、内相《(仲麻呂)》を劫さむとする有り、汝、従はむや〉といへり。東人答へて云へらく、《命に従はむ》といへり。忠節、斯の語を聞きて右大臣《(豊成)》に告ぐ。大臣答へて云はく、〔大納言《(仲麻呂)》年少し。吾、教誨を加へて殺すこと莫からしむべし〕といへり』といふ」とまうす。

(二)天平宝字元年七月己酉(三日)条

右大臣藤原朝臣豊成・中納言藤原朝臣永手ら八人に勅して、左衛士府に就きて、東人らを勘へ問はしめたまふ。

東人礭けく導はく、「無し」といふ。

(三)天平宝字元年七月庚戌（四日）条
中納言藤原朝臣永手らを遣して、東人らを窮め問はしめたまふ。款して云はく、「事毎に実なり」。

(四)同日条
（東人款して云はく、）「七月二日の闇頭を以て、兵を発して内相の宅を囲み、殺し劫して即ち大殿を囲み、皇太子(大炊王)を退けむ。次に、皇太后宮(光明)を傾けて鈴・璽を取らむ。即ち右大臣(豊成)を召して、号令せしめむ。然して後に、帝(孝謙)を廃して、四の王(塩焼・道祖・安宿・黄文王)の中を簡ひて、立てて君とせむといへり」といふ。

(五)天平宝字元年七月乙卯（九日）条
中納言藤原朝臣永手、左衛士督坂上忌寸犬養らを遣し、右大臣藤原朝臣豊成が第に就きて、勅を宣らしめて曰はく、「汝が男乙縄、兇逆しき事に関れり。禁め進るべし」といふ。即ち、肱禁を加へて勅使に寄せて進る。

(六)天平宝字元年七月戊午（十二日）条
正六位上藤原朝臣乙縄を日向員外掾。（中略）勅して曰はく、「右大臣豊成は、君に事へて忠ならず、臣として義しからず。私に賊党に附きて、潜に内相を忌む。大乱を構ふることを知りて、敢へて奏上すること無く、事発覚れぬるに及びても亦、肯へて究めず。若し怠りて日を延べば、殆ど天宗を滅してむ。嗚呼、宰輔の任、豈此の如くなるべけむや。右大臣の任を停め、大宰員外帥に左降すべし」とのたまふ。

(七)天平神護元年十一月甲申（二十七日）条
仲満(仲麻呂)、毎に（豊成を―引用者注）中傷はむと欲れども、その隙を得ず。大臣(豊成)の第三子乙縄、平生に橘奈良麻呂と相善し。是に由りて、奈良麿らが事覚れし日、仲満誣ふるに党逆を以てし、日向掾に左遷し、促して官に之かしむ。而して、大臣を左降して大宰員外帥とす。

㈠～㈦の史料をみると、豊成が大宰員外帥に左降された理由として、㈠にみえるように、①答本忠節から大伴古麻呂・小野東人らの仲麻呂暗殺計画など謀反の報告があったものの、忠節には古麻呂らに教諭するといったのみで、結局はこの陰謀を看過して右大臣として適切な措置をとらずに上奏しなかったことがある。㈥の左降理由にも「大乱を構ふることを知りて、敢へて奏上すること無く、事発覚れぬるに及びても亦、肯へて究めず」とある。また㈤の、②三子の乙縄が「兇逆しき事に関れり」とあるように陰謀に関与したと判断され、縁坐によったものでもあると理解できる。

①については、「養老獄令」告密条には「凡そ密告さむ人は、皆当処の長官に経れて告せよ」とあるから、忠節は所属官司の長官に告言すべきであるところを越えて豊成に告言したのは、殺害の対象が仲麻呂であったから最高責任者で仲麻呂の兄であることを考慮したものであって、常識的な行動であったと思われる。この告言によって右大臣として適切な対応をとらなかったことは、やはり「大乱を構ふることを知りて、敢へて奏上すること無く」と責められて当然であろう。栄原氏は、豊成左降の理由については決め手に欠け、決定的証拠がないまま追い落とされたと理解している[19]。しかし、「養老職制律」事応奏而不奏条には、「凡そ事、奏すべくして奏さず、奏すべからずして奏せらば、杖七十[20]」と罪科を規定している。大友氏も、忠節や佐伯全成が事件に否定的であったのに科罪されているのは、豊成と同じようにクーデターという危急なことをしっていながら奏上しなかったことが最大の罪とされたとしている[21]。『藤氏家伝』の「武智麻呂伝」にも、豊成左降の理由について、「変事知りて奏さぬことに坐りて、降されて大宰員外帥となる[22]」とある。この「武智麻呂伝」は仲麻呂が家僧とされる延慶をして編述させたものであり[23]、豊成を左降に処した仲麻呂本人もそのように考えていたことが明確であるから、豊成の左降理由は、陰謀をしっていながら奏しなかったことが決定的理由となったことがはっきりする。

さらに㈡と㈢に注視すると、豊成は東人の勘問にあたったが白状させることができずに、翌日には豊成をはずしたなかで藤原永手の窮問で「事毎に実なり」との自白をえたことは、豊成の追及が緩慢なものであって、「事発覚れぬるに及びても亦、肯へて究めず」とはこのことで、翌日の永手の窮問は峻厳であったことを示唆しているとも思われる。

このような豊成の奈良麻呂ら一派への緩慢な対応は、㈣のクーデター計画にみえるように、仲麻呂を暗殺、皇太子大炊王を追放、光明の保持する御璽と駅鈴を奪取して成功すると、その騒擾をおさめるために豊成をして号令させるとの予定であったことを勘案すると、奈良麻呂らクーデター派からも好意的に思われていたことが影響していたのかもしれない。このことから栄原氏は、奈良麻呂らが豊成を主導者としようとしていたことから「包容力」があったとしている(24)。しかし、騒擾をおさめる号令を期待されたことと、「包容力」があったこととは別問題で、クーデターが成功すれば自分たちが政治を主導するはずであり、豊成を御しやすいと考えていたにほかならなかったのではないか。豊成も奈良麻呂を好意的に考えていたのかもしれない。栄原氏は、豊成は一味には加わってはいないが、一定の理解を示していたとみている(25)。

豊成がクーデター派からこのような役割を期待されていたことをしらなかったとしても、殺害される存在であった仲麻呂からすれば、殺害計画をしっていて自分に通告もせずに、右大臣として適切な対応もとらなかったことは、「宰輔の任、豈此の如くなるべけむや」とのとおりで、豊成に対して冷静な態度でいられるわけがない。うがちすぎた見方かもしれないが、豊成には自分を脅かす仲麻呂を邪魔に思い、その心底に奈良麻呂らのクーデター計画に期待する気持ちのあったことが奏上を躊躇させたのかもしれない。そうすると、兄弟の政治的関係はとても深刻な状況にあったものと推測される。

乙縄についても、首謀者の奈良麻呂と親交があった。陰謀をしっていたというたしかな論拠はない。しかし詳しくは論及しないが、奈良麻呂は事前に多くの者に陰謀への参加を求めており、乙縄がしっていた可能性もありうる。もし、しっていたとすると告言しなければ同罪であることから、乙縄がまったくの冤罪であったとはいいきれない。㈤にみえるように乙縄は七月九日に逮捕されて、十二日に日向員外掾に左遷されているから、この措置はその間の取調べの結果であろう。「養老賊盗律」謀反条には謀反・大逆を企めば斬刑であり、父子などは八〇歳以上と篤疾（重度障がい者）を除いて没官と規定されていることから、乙縄が事件に関与したと判断されたならば、豊成に左降の処分がとられたことは当然のことのように思われる。ただ仲麻呂にとっては、権勢を掌握するには太政官での上席であった豊成は邪魔者であって、「毎に中傷はむと欲れども」とあるような気持であったことは間違いない。だからこそ、上述のように豊成にも奈良麻呂らに期待する気持ちの発ることは当然のようにあった思われる。

栄原氏は仲麻呂が豊成に対抗意識を燃やしていたというが、たしかにそうであろう。岸俊男氏も、折あらば豊成を陥れようと、たえずその機をうかがっていた仲麻呂の策謀であった[26]とする。しかし、だからこそ仲麻呂に隙をみせてはいけなかった。前述したように、仲麻呂暗殺のクーデター計画をしっていながら最高責任者の右大臣として上奏せずに何も対策をとらなかったことは、責められてしかるべきであり、左降の決定的理由とされたのである。村山修一氏が、陰謀事件では関係者との接触を大して気にせず、仲麻呂の横暴を牽制するほどの気概もなく、漫然と双方の確執を高みの見物よろしく眺めていた[27]とするほど無能ではないだろうが、追い落とされるべくして追い落とされたというべきであって、政治家としての資質に欠くところがあったといえよう。よって、豊成が奈良麻呂の変に際して上述したような政治的なミスをおかしたことが左降という結果につながったのであり、仲麻呂はそのミスを見逃さなかった。それは薨伝にみえる「天資弘厚」という豊成と、「率性聡敏」との仲麻呂の性格にもよるものであろうが、仲麻呂は、大宰府に行かずに七年余も病気と称して難波の別業にとどまりつづけた豊成に、九州への下向を強制しなかった。そこに兄への思いを推しはかるべきかもしれない。

おわりに

既述してきたように、豊成は右大臣となって一時は太政官首班として政治を主導する立場にあったが、橘奈良麻呂の変に関与したとして左降されて、その期間はわずか一年半であった。その後豊成は、豊成に代わって権勢をほしいままにした仲麻呂が孝謙太上天皇との権力闘争のすえに敗死した天平宝字八年九月に右大臣に復職するものの、翌年の天平神護元年十一月には没している。

豊成についての、著者の政治史的な関心事の一つは、藤原広嗣の乱によって動揺した政情のなか、平城京から恭仁京へ、また難波京から紫香楽京へと遷都を繰りかえした彷徨の五年間の推移のなかで、没落した藤原氏再興を宿命づけられた嫡流南家の嫡子としての豊成の行動を、当時の政治動向のなかで、帯任職の留守司・中衛大将をとおしてどうとらえるのかである。そして、もう一つは、豊成が右大臣でありながらも政界から追放される原因となった橘奈良麻呂の変にどのように係わり、何をもってそのようなことになったのか、そして、それは仲麻呂政権の成立過程のなかにどのように位置づけられるのかである。豊成についての政治史的関心事はこの二つに集約されると思う。本論がこのような二つの事柄に属目する考察となったことも、このような理由による。

註

（1）木本好信『藤原北家・京家官人の考察』（岩田書院、二〇一五年八月）三頁。
（2）木本好信『藤原式家官人の考察』（高科書店、一九九八年九月）。藤原式家官人の考察のうち、とくに藤原種継をとりあげた『藤原種継』（ミネルヴァ書房、二〇一五年一月）もある。
（3）註（1）木本前掲書。
（4）木本好信『藤原仲麻呂』（ミネルヴァ書房、二〇一一年七月）。
（5）藤原豊成に直接触れた論考とすれば、栄原永遠男「藤原豊成―軍事と仏教―」（『平城京の落日』所収、清文堂出版、二〇〇五年一二月）、大友裕二「藤原豊成―栄原論文にふれて―」（『皇学館大学史料編纂所報』二三〇号掲載、二〇一一年六月）など少ない。
（6）佐藤信他『藤氏家伝―注釈と研究―』（吉川弘文館、一九九五年五月）三九二頁。
（7）正一位蔭子の蔭階は従五位下であるが、蔭孫は一階降し、贈位の場合も同様に一階降す規定があるから正六位下となる。
（8）笠井純一『八省補任』（八木書店、二〇一〇年一二月）。
（9）木本好信「政争と陰謀の万葉びと」（『天平万葉論』所収、翰林書房、二〇〇三年四月）。
（10）註（9）木本前掲論文。
（11）仁藤智子「行幸時における留守形態と王権」（『平安初期の王権と官僚制』所収、吉川弘文館、二〇〇〇年九月）。
（12）木本好信「石上麻呂と藤原不比等」（『律令貴族と政争』所収、塙書房、二〇〇一年四月）。
（13）註（5）大友前掲論文。

(14) 註(4)木本前掲書、三八頁。
(15) 『延喜交替式』天平八年十一月十一日付「太政官符」に「正三位行民部卿藤原朝臣房前」とあって中衛大将の在任が確認できない。木本好信「藤原房前」(『藤原北家・京家官人の考察』所収、岩田書院、二〇一五年八月)。
(16) 註(5)栄原前掲論文。
(17) 註(5)栄原前掲論文。
(18) 木本好信『奈良平安時代の人びとの諸相』(おうふう、二〇一六年一〇月)一一〜一五頁。
(19) 註(5)栄原前掲論文。
(20) 井上光貞他『律令』(岩波書店、一九七六年一二月)。
(21) 註(5)大友前掲論文。
(22) 註(6)前掲書、三九二頁。
(23) 横田健一「藤原鎌足伝研究序説」(『白鳳天平の世界』所収、創元社、一九七三年九月)。
(24) 註(5)栄原前掲論文。
(25) 註(5)栄原前掲論文。
(26) 岸俊男『藤原仲麻呂』(吉川弘文館、一九六九年三月)二一六頁。
(27) 村山修一『変革期の人傑』(塙書房、二〇〇三年一二月)八三頁。

第四節　藤原仲麻呂

――律令官僚制国家と専権貴族の消滅――

はじめに

藤原仲麻呂（恵美押勝）というと、奈良時代に淳仁天皇を傀儡として専権をふるったあげく、孝謙太上天皇に反逆し、琵琶湖頭で敗死した逆賊、というのが一般的なイメージではなかろうか。

それが定着したのは、正史である『続日本紀』の記事によるものであり、加えて太上天皇と争い、しかも敗れた者は反逆者だとする皇国史観の影響によるものと思われる。そして残念なことに、戦前はもちろんのこと、戦後もそのような理解から脱却することができなかった。

しかし、ようやく戦前の残滓を払拭して、『続日本紀』を史料批判することによって、客観的に仲麻呂の実像を追究、正当に評価する「時代」になったような気がする。

一　『続日本紀』の逆賊像からの脱却

まず、仲麻呂が反逆者であるか否かの具体的な検討にはいるまえに、著者の軽薄な概念でいうと、反逆というのは非権力者が権力者を打倒してとって代わるということが大前提であると思われる。この時の現状をみれば、淳仁のもとで仲麻呂は、太師(太政大臣)・中衛大将として、太政官をはじめ八省や衛府、そして国司の地方組織におよぶまで自派の公卿官人を配して全権を掌握していた。この仲麻呂がなぜ反逆を企む必要があるのか、また自分以上の権力をもつ誰に反逆しようとしたのか、疑問である。

この時の孝謙は、即位したものの、天平勝宝年間(七四九〜七五七)には聖武太上天皇が権力をふるい、聖武没後は母后の光明皇太后が御璽・駅鈴を保持して天皇権力をふるっていたため、自身が天皇として皇権力を発揮できなかった。孝謙はこの反動から、光明の死後に天皇権力の掌握を希求した。そのため仲麻呂との間に権力闘争が起き、その延長線上に生じた事態が仲麻呂の反乱と呼ばれるものではなかったのか。

以下、仲麻呂を反逆者とする論拠を五つあげてみよう。

まず『続日本紀』天平宝字八年(七六四)九月乙巳(十一日)条がある。この冒頭に「太師藤原恵美朝臣押勝の逆謀、頗る泄れたり」とあるのが、その一つめである。しかし、この反乱に関する『続日本紀』の長い記事にも、なぜか仲麻呂の「逆謀」の具体的な内容が記されていない。橘奈良麻呂や氷上川継事件のような具体的な逆謀計画が記されていないことは不思議といえば不思議なことで、もとより仲麻呂には具体的な逆謀計画などなかったのではないかという疑念が起こる。

仲麻呂と孝謙との戦いは、『続日本紀』にもみえているように、仲麻呂が擁立した淳仁の保持する御璽などを孝謙が奪取しようとしたことに端を発している。この御璽の争奪戦が争乱へと拡大したのである。天平宝字八年九月壬子(十八日)条の「仲麻呂薨伝」には「(孝謙が)中宮院(淳仁)の鈴・印を収むるに及びて、(仲麻呂は)遂に兵を起して反く」とあり、仲麻呂の挙兵は、淳仁の保持していた駅鈴と御璽が孝謙に奪取されるという自己政権にとって致命的な出来事をうけ、かつ息子の訓儒麻呂と自派官人が殺害されるという切迫した状況にいたった結果であって、自らがすすんで決起したわけではない。

そして、仲麻呂を反逆者とする論拠の二つめは、高丘比良麻呂の密告記事であろう。神護景雲二年（七六八）六月庚子（二十八日）条に、「宝字八年、（比良麻呂は）仲満（仲麻呂）が反を告ぐるを以て従四位下を授けらる」とあることで、具体的には「仲麻呂薨伝」にあるように、内乱の起こる九日前に仲麻呂自身が任じた都督使（都督四畿内三関近江丹波播磨等国兵事使）の兵士増員に関する問題である。これは、仲麻呂が都督使の管掌する管内諸国の兵士各二〇人を都督衙に集めて武芸を簡閲するという職掌について、奏聞後にその兵士数を太政官印でもって増員しようと謀ったのを、比良麻呂が自己にも責任がおよぶことを恐れて密告したというものである。

この兵士数増員を奏上せずに、太政官印でもって布告しようとしたことが違法で、反逆に通じるとみなされているようであるが、養老四年（七二〇）五月二十一日には御璽を捺す煩雑さを避けるために、「文武の百官の諸国に下す符は、大事に非ぬよりは、（中略）太政官の印を以て印せむ」ことが裁可されており、仲麻呂もふだんからこのようなことを行ってきていたと思う。よって、諸国兵数の増員を太政官印で処理したことについて、反乱を前提に兵士の徴集を秘密裡に行うことを意図としていたわけではない。必要であれば淳仁のもとに御璽があったわけであるから、御璽を捺すことは無理なことではなかったはずである。この行為をもって仲麻呂の反逆行動と認めることはできない。ただ、緊迫した状況にあったから比良麻呂が保身のために報告した事実が反逆行動とされたのである。

三つめから五つめの論拠は、「大津大浦卒伝」以下にみえる記述による。

まず、宝亀六年（七七五）五月己酉（十七日）条の「大津大浦卒伝」に、仲麻呂が陰陽をよくする大浦に「事の吉凶を尋ねたところ、そのことが逆謀に関わることであったことから大浦が密告した」とあるのが三つめの論拠である。しかし、仲麻呂が大浦に尋ねた「事」が、孝謙を殺害するなどの逆賊的な内容をもつものであったとは断定できない。さらに天平神護元年(天平宝字九年・七六五)八月庚申(一日)条に、仲麻呂が反逆の意図を起こして「兵を備ふる時」に、そのことを和気王が上申したとみえるのが四つめであるが、これも先述の都督使のことをいっているのであろうが、とくに反逆の証とはならない。そして天平宝字八年十月壬申(九日)条にみえる、淳仁の兄の池田親王が夏頃より多く馬を集めていたということが、その五つめである。

けれども、この仲麻呂の武力増強策は、当時の一触即発の政治状況を考えれば、仲麻呂が都督使創設理由に「都督使と為り、兵を掌りて自ら衛る」(1)、つまり兵士を掌握して自衛するということからして、当然のことであった。仲麻呂も、武力による孝謙をはじめ反対派への抑圧を考慮して(2)いなかったわけではないから、武力の強化ははかられていたが孝謙に直接危害を加えるような具体的な反乱計画を立ててはいなかったと思う。

「大津大浦卒伝」には、大浦が仲麻呂の動向を孝謙側に密告してのち、「しばらくしてから内乱が起こった」とのことがみえているから、その間に孝謙らは、仲麻呂側の行動を承知のうえで、対抗して授刀衛を中心に武力を増強するなど、事前に具体的な計画を立案していたのである。宝亀六年十月壬戌(二日)条の「吉備真備薨伝」には、真備の事前に立てたすぐれた軍略の術中に仲麻呂は陥って、短期間に平らげられたとみえている。この用意周到に練られた計画のもとに行われた御璽・駅鈴奪取という先制攻撃や、近江国庁での反撃を阻む勢多橋の焼却、越前への逃亡を遮る愛発関での授刀物部広成の行動などによって、仲麻呂が敗走するのは火をみるよりも明らかだった。

仲麻呂が、淳仁の兄の船親王と二人で孝謙の咎をかぞえ記した書を淳仁に上奏し告発しようとしていたことが、天平宝字八年十月壬申(九日)条にみえているが、これは、前述のような孝謙らの不穏な事前行動への対応だったと考えられる。仲麻呂が都督使として兵士数を急遽増員したのも、これら孝謙らの動向に対抗した自衛措置であった可能性が高い。

著者が、この俗に「恵美押勝の乱」といわれる仲麻呂と孝謙との戦いを、律令制にもとづく官僚制国家を志向する専権貴族と、草壁嫡系皇統を標榜し王権を固守しようとした天皇権力との政治権力闘争とみなし、元号にちなんで「宝字の内乱」(3)と呼ぶべきだと思う理由は、このようなところにある。

二　仲麻呂の実像

前述のように、仲麻呂は逆賊としてのイメージが定着していることもあって、正当な歴史的評価をうけてこなかったように思われる。著者はこのような旧説による仲麻呂像の払拭をめざして、その実像を追究、新たな提言を試みてきている(4)。そのポイントを簡潔に記してみる。

まず、仲麻呂は天平二年(七三〇)・三年前後には大学少允に任官して、算生制度の改革などの勧学政策に関与したらしいこと、同十二年十月からの聖武の五年間にわたる恭仁・難波京・紫香楽をめぐる彷徨中に光明の信頼をえて頭角をあらわし、このことが後の栄達につながったこと、同十四年九月には民部卿として巡察使の派遣を主張し、その後も同十六年九月・天平勝宝六年(七五四)十一月にも派遣して、班田・校田などの土地政策や地方政治の刷新をはかったこと、天平宝字二年正月には問民苦使を派遣して民意を政策に反映させたこと、加えて同元年閏八月には戒本師田を置き、同四年七月には僧位の四位十三階を定めて肥大・弛緩した仏教界の振粛をはかっていることなどが、仲麻呂の政治的信念が現出した施策であって評価される。

さらに、天平十六年閏正月に没した聖武皇子である安積親王の仲麻呂による暗殺説が失当であること(5)、天平勝宝年間の仲麻呂の政権形成期は、光明の権威を背景にして紫微中台の長官紫微令として権勢をふるっていたことから、この政治形態を「光明・仲麻呂体制」(6)と通称するのが妥当であること、淳仁の擁立は仲麻呂の単独によるものではなく、天武皇統の存続を願った光明を主とする政治判断だったことなども注目される。

また、淳仁と仲麻呂による政権の確立は、天平宝字三年五月頃であったこと、同六年六月の孝謙による仲麻呂からの権力奪取を企図とする淳仁への帝権分離宣言は、宣言にとどまり実効力がなく、以降も淳仁の権能のもとに仲麻呂が政治を主導していたこと、そして「宝字の内乱」は、前述のように政治権力の埒外におかれていた孝謙の帝権分離策の失敗をうけての御璽を強奪する軍事行動から起こったもので、仲麻呂の反逆ではないことなども論証してきている。(7)

そして仲麻呂は、原則としては律令を順守し、それを政治の基本とする国家運営をはかっていたと考えられる。『養老律令』を施行し、それにともない新令講書を開催して自らの意見を述べて法解釈を治定したことや、(8)史生以上の官人に律令格式の必読を課したことなどが、そのことの証となる。このことが仲麻呂が律令官僚制国家を志向していたことを具体的に示している。

三　仲麻呂の政治施策

仲麻呂政治の特徴は、唐政治を模倣した唐風政治とよくいわれる。しかし、渡来人への賜姓、郡領・軍毅の任用方式の変更、大学寮以下への公廨田給付、公廨稲配分と功田等第の議定、国司任期の四年から六年への延長、国司交替期限の決定、三関国での健児設置、桃生・雄勝城の造営をはじめとする東北制圧など、独自な政策も実行している。

経済政策では、万年通宝など金・銀・銅新銭を鋳造・発行し、論定稲の数量を定めたりしている。さらに平準署・常平倉の創設にもみられるように、インフレによる米価の高騰を調整し、庸調運脚夫の帰郷問題を解決するなどした、仲麻呂なりの儒教的徳治主義にもとづき創意工夫を加えたものもあるが、逆賊の施策として正当に評価されてこなかった。

けれども、つとに太田晶二郎氏は改元を例にとって、仲麻呂はただ唐制にならうのみではなく独創的なところもあり、「正確厳密なる物の考え方をした人物である」とし(9)、坂本太郎氏も民力の疲弊を救済するための有効な方策を考究・実行に移しているが、それは彼が聡明ゆえに時勢の要求を察知することができ、かつ手腕の俊敏さを示したもの(10)と評価した例がある。

また仲麻呂は、出挙の利の免除や、正丁・中男と老丁・耆老年齢の改定、雑徭日数の半減、東国防人の停止などによる負担の軽減政策を実施しているが、これらをも含めて仲麻呂の政策のなかには敗死によって途絶したものもある。しかし、桓武天皇朝になって同様の政策が拡大強化され、また別式・国史・氏族志の編纂も、桓武・平城・嵯峨天皇の平安時代初期になって弘仁格式・続日本紀・新撰姓氏録として結実している(11)。これらのことは政治家としての仲麻呂の先見性を示し、その政策は柔軟かつ合理的であり、律令国家を確実に一歩進展させた歴史的意義あることとして評価できるのである(12)。

四　仲麻呂の皇統観

つぎに仲麻呂が皇統について、どのように考えていたのか、今の著者の見解を簡潔に述べてみる。

孝謙が草壁嫡系皇統を神聖化し誇示・固執していたことが、瀧浪貞子氏らによって提唱されている[13]。孝謙自身はもちろんそう思っていただろうが、淳仁廃帝の時の「王を奴と成すとも、奴を王と云ふとも、汝の為むままに[14]」との発言や、道鏡への譲位を念頭にしていたことなどを考慮すると、結果的には権力闘争に勝利するための自己顕示の〝お題目〟のようなものでもあったのではないかと考えられる。もともと草壁嫡系皇統は、孝謙の即位に反対する政治勢力に対抗する方策として、孝謙が草壁皇統の唯一の皇嗣であることにより、光明らがその神聖化の醸成をはかったことからでたものであった[15]。

これについては別の機会に詳説するとして、当の仲麻呂がこの草壁皇統についてどう考えていたかというと、淳仁を擁立したことから舎人系新皇統を確立しようとしていたようであり[16]、とくに草壁皇統に拘泥せず、思いのほか天武皇統にも執着していなかったのではないかと思う。『続日本紀』天平宝字元年閏八月壬戌(十七日)条には、「(仲麻呂ら言さく)(中略)淡海大津宮に御宇しし皇帝は、天の縦せる聖君、聡明なる睿主なり。(中略)曾祖藤原内大臣(中略)祖の勲に因籍りて、冠蓋門を連ね、公卿世を奕ねたり」とあるように、天智天皇と尊信していた曾祖父の鎌足との密接な関係を称揚していることからして、本当のところは天智を神格化しているようにもみえる。

仲麻呂が孝謙の譲位について、『続日本紀』天平宝字二年八月庚子(一日)条に「国皇嗣を絶つに曁びて、人、彼此を懐ふ。天尊を人願に降して鳴謙克く光れり。乾徳を坤儀に損ひて、鴻基遂に固し」と、皇嗣のいない孝謙に国民は不安を覚えていたが、淳仁に譲位することでその不安を払拭し国の基礎を築かれたと述べたことがみえる。

また仲麻呂は、光明が淳仁(大炊王)を皇儲としたことについて、前条で「遂に乃ち欽みて顧命を承けて、皇儲を議り定む。親を棄て疎を挙げて、心公正に在り。実に天下に志在りて、永く一己に私すること無し」と、親疎の関係を排して、天下のことを考慮して公正な心を示されたと言上している。ここに天皇の存在とは、皇統を固守することよりも、国家統治にとってどうであるかのことを優先するという仲麻呂の認識が看取される。

そして国家統治のあり方についても、同条によれば仲麻呂は「然るに皇と坐して天下治め賜ふ君は、賢人の能臣を得てし天下をば平けく安けく治むる物に在るらしとなも聞こし行す」と淳仁に語らせている。天皇も賢人の能臣がいてこそ天下を平安に統治できるのだという「天皇機関説」的な認識である。その直後に仲麻呂は、伊尹が湯王を補佐して阿衡の号を帯び、呂尚が文王を補弼して営丘に所領をえた例や、鎌足の古例にならって、恵美押勝の名と「尚舅」とのアザナを賜わっているが、これなどはその具現であろう。

これらのことを総合的に勘案すると、仲麻呂は皇権とは密着しながらも、草壁皇統でなければならないなどという皇統の嫡系・神聖化を重視してはいなかったといえる。国家統治を優先して皇統を絶対視しないという仲麻呂の意識は、中国の皇帝・国家観の影響とも考えられるが、このような著者の見解には異見もあろうと思う。

おわりに

先に仲麻呂の「内乱」は、律令制にもとづく官僚制国家を志向する専権貴族と、草壁嫡系皇統を標榜し王権を固守しようとする天皇権力との、政治権力闘争であるといったが、権力を確実・拡大化しようとする専権貴族と、専制君主制を志向する天皇とをこのような二極対立図式でとらえることは、かつて関晃氏が提示されたことである(17)。

しかし、現在は倉本一宏氏らによって否定されて、天皇と貴族の関係は相互依存・補完という理解でほぼ一致している(18)。けれども、このようなことはケースバイケースであり、一概に規定することはできない。仲麻呂と淳仁の場合は、もちろん相互依存・補完という関係があてはまると思うが、孝謙と仲麻呂の天平宝字年間後半の関係の場合は、関氏のいわれたような天皇権力と専権貴族の対立図式でとらえるべきだと思う。

註

(1)『続日本紀』天平宝字八年九月壬子条。
(2) 倉本一宏『奈良朝の政変劇』（吉川弘文館、一九九八年一二月）一五八頁。
(3) 榎本淳一氏は、すでに「比較の視点」（『日本歴史』七五九号掲載、二〇一一年一一月）で「内乱」という語句を使用している。
(4) 木本好信『藤原仲麻呂政権の基礎的考察』（高科書店、一九九三年六月）、『藤原仲麻呂』（ミネルヴァ書房、二〇一一年七月）、『奈良時代の政争と皇位継承』（吉川弘文館、二〇一二年三月）ほか。
(5) 木本好信「藤原仲麻呂による安積親王暗殺説の検討」（『奈良時代の政争と皇位継承』所収、吉川弘文館、二〇一二年三月）。
(6) 中川收「光明・仲麻呂体制の形成」（『国史学』八七号掲載、一九七二年三月、のち「橘諸兄と藤原仲麻呂」と改題補訂し『奈良朝政治史の研究』所収、高科書店、一九九一年五月）。
(7) 註(4)木本前掲書。
(8) 早川庄八「新令私記・新令説・新令問答・新令釈—天平宝字元年新令講書についての覚えがき—」（『続日本紀研究』二一八号掲載、一九八一年一二月、のち『日本古代の文書と典籍』所収、吉川弘文館、一九九七年五月）。
(9) 太田晶二郎「厳密なる藤原仲麻呂」（『日本歴史』二六号掲載、一九五〇年七月）。
(10) 坂本太郎『日本全史』二（東京大学出版会、一九六〇年二月）二八五頁。

(11)　註(3)榎本前掲論文。
(12)　関根淳「藤原仲麻呂とはどんな人物だったのか」(『史料が語る新事実 書き換えられる日本史』所収、小径社、二〇一一年五月)。
(13)　瀧浪貞子「孝謙女帝の皇統意識」(『日本古代宮廷社会の研究』所収、思文閣出版、一九九一年一一月)。
(14)　『続日本紀』天平宝字八年十月壬申条。
(15)　木本好信「光明皇太后の襟懐」(『古代文化』四二巻三号掲載、一九九〇年三月、のち『藤原仲麻呂政権の基礎的考察』所収、高科書店、一九九三年六月)。
(16)　木本好信「藤原仲麻呂と孝謙上皇、淳仁天皇—政治権力の推移と皇統・皇権—」(『山形県立米沢女子短期大学紀要』二二号掲載、一九八七年三月、のち『藤原仲麻呂政権の基礎的考察』所収、高科書店、一九九三年六月)。註(2)倉本前掲書、一四八頁。
(17)　関晃「律令支配層の成立とその構造」(新日本史大系第二巻『古代社会』所収、朝倉書店、一九五二年一〇月、のち「律令国家の展開」と改題し著作集四巻『日本古代の国家と社会』再収、吉川弘文館、一九九七年一月)。
(18)　倉本一宏「律令貴族論をめぐって」(『日本歴史』四七二号掲載、一九八七年九月、のち『日本古代国家成立期の政治構造』所収、吉川弘文館、一九九七年一月)。

第五節　藤原仲麻呂と光明皇太后
——大炊王立太子・橘奈良麻呂の変と皇位継承——

はじめに

著者は、従来から孝謙女帝の即位した天平勝宝元年（天平二十一年、天平感宝元年・七四九）七月頃から、淳仁天皇が受禅した天平宝字二年（七五八）八月まで、なかでも聖武太上天皇が没した天平勝宝八歳以降は、光明皇太后が権勢をふるい、政治を主導していたことを主張してきた(1)。

このような著者の主張はなかなか認められなかったが、徐々に受け入れられつつあるようにも感じる。著者の主張は、註(1)に注記した⑥⑦の論文によって言い尽くしたようにも思われるが、最近になってまたこの件に触れる論文が発表されてきたことから、これらの新知見への見解も含めてあらためて私見をまとめてみることにする。

一　光明皇太后と大炊王立太子

まず、光明が権勢をふるったかどうかを論じるについて、もっとも有効な論点は、やはり皇位継承への関与ということであろう。そこでここでは、なかでも大炊王の立太子について焦点をあわせて論じてゆく。独身女帝の孝謙には皇嗣はおらず、即位した天平勝宝元年七月には皇太子を立てることができなかった。このことには、聖武没後の皇位継承の混乱をみればわかるように、各氏族間の思惑もあって容易に皇太子を決めることができなかった事情があった。しかし、自身没後の政治的紛糾をおそれた聖武は、死にのぞんでついに遺詔という形で皇嗣を決定する。『続日本紀』天平勝宝八歳五月乙卯(二日)条には、「太上天皇、寝殿に崩りましぬ。遺詔して、中務卿従四位上道祖王を皇太子としたまふ」とある。道祖王は、天武の皇子新田部親王の王子で、新田部の母が藤原鎌足の娘の五百重娘であることから、自分と同じ藤原氏の血をひいていることが聖武の決定要因になったといってよい。

しかし、一年も経たない翌年の三月になって聖武の遺詔は反故にされて、道祖王は皇太子の地位から追われることになる。『続日本紀』天平宝字元年三月丁丑(二十九日)条には、「皇太子道祖王、身は諒闇に居りて、志、淫縦に在り。教勅を加ふと雖も、曽て改め悔ゆること无し。(中略)皇太子を廃して、王を以て第に帰す」とある。詳しい事情については、四月辛巳(四日)条に、

先帝遺詔して道祖王を立てて、昇せて皇太子としたまふ。而れども、王、諒闇未だ終らず、陵の草乾かぬに、私に侍童に通して先帝に恭しきこと無し。喪に居る礼、曽て憂に合はず。機密の事も皆民間に漏せり。しばしば勅教すと雖も、猶悔ゆる情無し。好みて婦言を用ゐて、稍く佷戻多し。忽に春宮を出でて夜独り舎に帰る。云へらく、臣為人拙く愚にして重きを承くるに堪えずといへり。故、朕窃に計りて、此を廃して…。

とみえている。道祖王廃太子の本当の理由が、聖武の喪にありながら「私に侍童に通して先帝に恭しきこと無し」など列挙されているようなことであったとは到底思えない。遺詔といえども聖武が没してしまえば何の効力もなく、真相は、「まず廃太子ありき」のとってつけた事由であったことは明らかである。

道祖王廃太子後、ただちに新皇太子擁立のことがはかられた。『続日本紀』はつづけて、

天皇、群臣を召して問ひて曰はく、誰の王を立てて皇嗣とすべけむとのたまふ。右大臣藤原朝臣豊成・中務卿藤原朝臣永手ら言して曰はく、道祖王の兄、塩焼王を立つべしといふ。摂津大夫文室真人珎努・左大弁大伴宿禰古麻呂ら言して曰はく、池田王を立つべしといふ。大納言藤原朝臣仲麻呂言して曰はく、(中略)唯、天意の択ひたまふ者を奉けたまはらむのみといふ。(中略)勅して曰はく、(中略)船王は閨房修まらず。池田王は孝行闕くること有り。塩焼王は太上天皇責めたまふに無礼を以てせり。唯、大炊王、未だ長壮にあらずと雖も、過悪を聞かず。この王を立てむと欲ふ。(中略)是より先、大納言仲麻呂、大炊王を招きて田村の第に居らしむ。(中略)大炊王を迎へて、立てて皇太子としたまふ。

と記していて、詳しい経緯をしることができる。大炊王は翌年八月に即位して淳仁天皇となるが、『続日本紀』淳仁天皇(廃帝)即位前紀には、大炊王は藤原仲麻呂の亡くなった長男真従の寡婦粟田諸姉を妻として、仲麻呂の私第に養われていたとある。

それでは、この一連の道祖王廃太子・大炊王立太子を主導したのは誰かである。聖武の遺詔を反故にし、そして『続日本紀』条文をみればわかるように、かなり強引な様相であったことからして、ここには大きな政治的な影響力が行使されたものと思われる。前掲の『続日本紀』には、「故、朕窃に計りて、此(道祖王)を廃し」、「勅して曰はく(中略)この王(大炊王)を立てむと欲ふ」とあることからすると、孝謙が主導したようにも思われる。この件については、瀧浪貞子氏の見解がある。瀧浪氏は、近著である『光明皇后』で「大炊王はこれより先、仲麻呂が、亡くなった息子真従の妻粟田諸姉を娶らせて田村第に住まわせていたことを考えると、道祖王の廃太子を含めて、すべてが仲麻呂の仕業であったことは明白である。(中略)このとき、光明子でさえ仲麻呂の陰謀を見抜いていたとは思えない。廃太子劇は、聖武の遺訓を金科玉条とする光明子、そして孝謙天皇母子の純粋さに仲麻呂がつけいったものと考える」と論じている。(2)

けれども、瀧浪氏の見解には「明白である」根拠が示されておらず、また「聖武の遺訓を金科玉条とする光明子、そして孝謙天皇母子の純粋さ」とは、いったいどういうことなのか具体的な説明がないなど、あまりに主観的すぎる。また、「仲麻呂の陰謀を（孝謙も光明も―引用者注）見抜いていたとは思えない」とするのは、いったいどういうことだろうか。仲麻呂の自邸に起居し、亡き長男の嫁を妻としている大炊王を仲麻呂が皇太子に立てるということは、どういう目的であったのか、それ（「陰謀」）を見抜けないものなど誰一人としていない。

藤原豊成・藤原永手らが塩焼王を、文室珎努・大伴古麻呂らが池田王を立てようとしたものの、仲麻呂のみは「天意の択ひたまふ者を奉けたまはらむのみ」と述べている。孝謙がそれらの意見をすべて排し、臣下から推薦のなかった大炊王の名を持ち出して「この王を立てむと欲ふ。諸卿の意に如何」と諸卿の賛同を求めて、同意する奏言を引き出していることからしても、諸卿の思惑とは関係なく、孝謙と仲麻呂とのあいだでは大炊王を立太子させることは当初からの予定の行動であったことがわかる。だからこその仲麻呂の「天意の択ひたまふ者を奉けたまはらむのみ」との発言であろう。

これらのことを勘案すると、渡辺晃宏氏が主張するように、孝謙と仲麻呂の二人の企てによるものとの理解が妥当であって、ここに光明介入の余地がないようにも思われる。笹山晴生氏が「大炊王の擁立が皇太后の意志にもとづくものかどうか疑問であって」とするのも当然である。

しかし、『続日本紀』を注意深くみてゆくと、数か所の記事から光明の主的な関与をしることができる。まず、㈠前出の『続日本紀』淳仁天皇即位前紀には、「九歳三月廿九日辛丑、高野天皇、皇太后と、右大臣従二位藤原朝臣豊成、（中略）らと策を禁中に定めて、皇太子を廃して、王を以て第に還らしむ」とあり、道祖王の廃太子に光明が関与していたことは明らかであり、大炊王の立太子・即位についても主導力を発揮したことは、以下の二条の記事、㈡天平宝字二年八月庚子（一日）、㈢同三年六月庚戌（十六日）条によっても確認できる。

㈡皇太后、（中略）遂に乃ち欽みて顧命を承けて、（大炊王の――引用者注）皇儲を議り定む。

㈢太皇太后の御命を以て朕に語らひ宣りたまはく、太政の始は、人の心未だ定まらず在りしかば、吾が子して皇太子と定めて先づ君の位に昇げ奉り畢へて、（中略）然るに今は君として坐して御宇す事日月重なりぬ。是を以て先考を追ひて皇とし、親母を大夫人とし、兄弟姉妹を親王とせよと仰せ給ふ貴き御命を頂に受け賜はり、〔孝謙の反対意見もあるが〕、吾がかく申さず成りなば、敢へて申す人は在らじ。

つまり、㈡の記事では、光明が聖武の遺志をうけて皇嗣として大炊王（淳仁）を議定したとあり、㈢では光明が淳仁に対して、「国家の政治をみるようになった始めのころは、人心が安定していなかったから、そなたを皇太子として定めて、まず君（天皇）の位にお上げ申し、それから諸人の心が静まりきった後に、その他のことについて仰せつけようと考え、〔今まで〕おさえていた。しかしながら、今では、天皇として天下を治められることに日月が重なってきた」[5]といっている。また光明は、淳仁に父の舎人親王に天皇号を追号し、母の当麻山背を大夫人とし、兄弟姉妹を親王とすることを勧めている。淳仁はこのことを孝謙に相談したところ、「天皇に登った自身の恩遇だけでも酬いることは困難であり、さらに父母や兄弟姉妹までの厚遇は恐れ多いと辞退せよ」とのことであったが、光明から再度、「私が言わなければ、押して言う人はほかにいないだろう」と教え諭されたことによって、父舎人を「崇道尽敬皇帝」と追号し、母山背を大夫人と称し、兄弟姉妹を親王として遇することにしたというのである。これらの事実を考え併せると、道祖王廃太子、そして大炊王の立太子は、仲麻呂の願いをうけた光明の強い主導力によって実現したものであることが明確である。

著者は註（1）に掲げた論著によって、前掲のことを主張しつづけてきた。最近では虎尾達哉氏による、「明らかに仲麻呂が光明・孝謙に働きかけて実現した政略である」[6]とする見解や、聖武没後には光明の政治的権能がより重視されるようになり、王権内で最年長であったことから太上天皇に準じる立場にあったという理解も現れてきた。[7]

ところが、ごく最近に意表をついて、光明と仲麻呂が終始良好な関係性を有したことに疑義を呈する論が発表された。上村正裕氏で、氏は「光明子は意中の皇太子候補に塩焼王ないし池田王を選んだものと思われ、（中略）同（天平宝字―引用者注）元年四月辛巳（四日）条の時点では大炊王立太子には賛同していなかったが、その後そうした考えを改め、淳仁天皇の後見と仲麻呂の支持を決めたものと思われる」[8]と述べる。この論拠についての著者の詳細な見解についてはあらためて論じたいが、上村氏は、塩焼王を推した永手が内臣であり、[9]池田王を推した古麻呂が光明の近臣であったことから、[10]光明の腹案も塩焼・池田王で、大炊王を推す仲麻呂と乖離していたなどとする。このことだけが論拠ではないが、この点については、永手が内臣で、古麻呂が光明の近臣であったという確実な証はない。

まず、永手の内臣だが、『類聚三代格』巻三にみえる昌泰三年（九〇〇）十二月九日付の太政官符に天平勝宝九歳四月十日の内臣宣が引かれており、この内臣を上村氏は永手とするのだが、通説では紫微内相であった仲麻呂を内臣と同一視しており、[11]加えて永手を否定して弟の八束を考慮する理解もあり、[12]一概には確定できない。[13]上村氏は、東大寺献物帳に永手が署名しているのは内臣であることとの妥当性が高いとの東野治之氏の説明をうけて、[14]他に天平宝字元年四月四日付の「建部門参向者交名」にも名があげられていることも永手が内臣であったことの論拠になると主張している。[15]しかし、献物帳には「中務卿侍従」、「建部門参向者交名」にも「中務卿」と記されているだけで、「内臣」との表記は他の史料を含めて一切ない。上村氏のいうように内臣を帯任していて、その立場で署名に加わっていたならば、必ず「内臣」が加え記されているはずである。このことは通説どおりに永手が中務卿としての職掌上の理由からのみで署名していると理解すべきであろう。左大臣を左相・左相府というように紫微「内相」の仲麻呂を内臣と表記したとも考えられる。ただ、仲麻呂が紫微内相に補任されたのは同元年五月二十日のことで、内臣宣のあった四〇日後のことであって問題を複雑にしている。このように考えると、『類聚三代格』にみえる昌泰三年十二月九日付太政官符が引いた「内臣」との表記が正しいのか、昌泰三年は一五〇年ものちのことであり年月日の表記が誤りなのか、新訂増補国史大系本は諸本による異同のあることを鼇頭に記してはいないが、日付も含めて伝写上の誤字・誤写などの史料上の問題の可能性もなくはないようにも思われる。

また上村氏は、古麻呂が光明の近臣だったとするが[16]、これもさらなる検討を要するような気がする[17]。上村氏は、天平宝字元年七月己酉(三日)条に、光明が塩焼王・安宿王・黄文王・奈良麻呂と古麻呂を御在所に召し入れて、謀反について自重をうながした時に、「汝等は吾が為に近き人なり」と諭したことを主な理由として、古麻呂を「光明の近臣」としているのである。しかし、この五人が光明の近臣であるのならば、なぜ五人そろって、光明をも幽閉して保持する御璽・駅鈴を奪取する行動にでようとしたのか納得できない。たしかに光明にとって、塩焼王は従兄弟の子、安宿・黄文王は異母姉の子、奈良麻呂は異父兄の子、つまり甥である。残る古麻呂と光明の血縁関係は不明だが[18]、五人のうちの四人が血縁であることから、古麻呂と光明も「近き人なり」だと上村氏は理解する。けれども、光明がこの五人を召し入れたのは血縁であるからではなく、謀反の中心者らであったからであって、「近き人なり」とは諭すに際して用いた言葉のあやにすぎない。「近き人なり」＝「近臣」ではない。「近き人なり」だけをもって、古麻呂が光明の意を体して言動する「光明の近臣」であったとは断定できない。

さて、塩焼王を推した永手だが、たとえ永手が内臣だと仮定しても、これは内臣である永手の意向ではない。『続日本紀』には「右大臣藤原朝臣豊成・中務卿藤原朝臣永手ら言して曰はく、道祖王の兄、塩焼王を立つべしといふ。摂津大夫文室真人珎努・左大弁大伴宿禰古麻呂ら言して曰はく、池田王を立つべしといふ」とある。これは藤原南家の豊成、北家の永手が二人して藤原氏（南北家）を代表して総意として塩焼王を推したのであって、内臣として光明の意図を体して発言したものではない。古麻呂にしても、摂津大夫であった文室弥努とともに名前があげられて池田王を推したとあるが、光明の意図のもとに近臣個人としての発言ではない。この二人の発言は、藤原氏以外の公卿官人たちを代表した意見として『続日本紀』の編者が表記したものであろう。光明の真意が塩焼・池田王の二人とするのも納得できない。

そして上村氏は、結局は光明がのちになって淳仁と仲麻呂の支持を決めたとするのだが、その転向までの期間がわずか一か月であって、仲麻呂による維摩会復興が契機となったとするのにも疑念が残る。新皇太子を誰にするかは光明にとって何より重大な案件であったはずだが、本意に背いてまで大炊王擁立を認めるほど維摩会復興に執着していたとは思えない。奈良麻呂のクーデターを穏便にすませようとした光明と、絶好の機会として奈良麻呂ら反対派を一挙に潰滅しようと企んだ仲麻呂の言動の相違から発して、このような結論を導きだすことに懐疑の念を覚えざるをえない。やはり光明と仲麻呂とは政治的に大きく齟齬をきたすことはなく、大炊王の擁立では孝謙をも含めて同じ思いであったと理解してよい。

このように、光明が道祖王廃太子・淳仁擁立に主導的な役割を果たしたその真意には、生家藤原氏の将来を、次男ではあるが嫡流の南家を出自とする「聡敏な」（「薨伝」）仲麻呂に期待し、その仲麻呂の協力のもとに、独身女帝の孝謙によって途絶した正統な草壁皇統に代えて仲麻呂の推す淳仁を即位させて、傍系ではあるものの天武皇統を安定的に継承してゆくという政治的な判断があったものと推断される。

二　光明皇太后と橘奈良麻呂の変

大炊王の立太子から三か月後の天平宝字元年七月に起こった政変が、橘奈良麻呂の変である。奈良麻呂らの計画については、『続日本紀』天平宝字元年七月庚戌(四日)条に、

七月二日の闇頭を以て、兵を発して内相の宅を囲み、殺し劫して即ち大殿を囲み、皇太子を退けむ。次に、皇太后宮を傾けて鈴・璽を取らむ。即ち右大臣を召して、号令せしめむ。然して後に、帝を廃して、四の王の中を簡ひて、立てて君とせむといへりといふ。

とあって、まず紫微内相であった仲麻呂を殺害、皇太子大炊王を追放、ついで光明の居所を占拠、(幽閉したうえで)光明の保持する駅鈴と御璽を奪取、右大臣の豊成に事態を収拾させたのちに、孝謙を廃位して、塩焼・道祖・安宿・黄文の四王のなかから新しい天皇を選ぶというものであった。この短い記事から、当時の政治状況がどのようであったかをうかがうことができる。

それは奈良麻呂らの目的の第一が、仲麻呂の暗殺にあったことである。奈良麻呂は天平十七年(七四五)から孝謙の即位には反対であって、すでに同十年正月に立太子していた皇太子阿倍内親王(孝謙)に関しても「陛下、枕席安からず、殆と大漸に至らむとす。然も猶、皇嗣を立つること無し」(『続日本紀』天平宝字元年七月庚戌条)として、その存在を無視して大伴・佐伯氏を誘ってクーデターを実行にうつそうとしたことがあった。この後も天平勝宝元年の孝謙の即位にあたっても、同様の計画の実行をはかったことがあった。再三見送られたクーデター計画が、この時になって実行された最大の理由は、仲麻呂が光明の後援をうけて皇太子に大炊王を擁立して、将来の政権掌握を確実にした

からである。このことを見逃せば大炊王即位後には、敵対していた奈良麻呂自身をはじめ党与勢力の潰滅は目にみえているからでもあった。皇太子大炊王を追放しようとしたのも同じ理由からであろう。

第二は、豊成に事態を収拾させるということである。豊成が、仲麻呂暗殺・皇太子追放というクーデター派の行動に対して、太政官首班の右大臣としてただちに鎮圧にでてこないことを、奈良麻呂ら反乱派は見越していた。答本忠節が豊成に対し古麻呂・小野東人による弟仲麻呂の暗殺計画を急告した時も、豊成はとくに対応措置をとらなかった。豊成には奈良麻呂らの行動に理解するところがあったものと考えられる。事件収束後に仲麻呂が、クーデター計画を見すごしたとして豊成を右大臣職から追放したのは当然のことであろうと思う。第三節で詳述したところである。

第三に、孝謙を廃位して、四王の中から選んで新しい天皇をたてるということについては、二つの事実が指摘される。一つめは、孝謙の廃位が、仲麻呂の暗殺、皇太子の追放、そして、のちに論じる光明からの鈴・璽の奪取、豊成による事態収拾がなされたクーデターの成功後に行われる計画であったことである。もし、孝謙が天皇として権力を掌握・行使していたならば、真っ先に奈良麻呂らクーデター派は孝謙への対応措置をとったはずである。ここでの孝謙の存在感はきわめて乏しい。二つめは、奈良麻呂らクーデター派も一枚岩ではなかったことである。廃太子の道祖王、豊成・永手が推した塩焼王、奈良麻呂が以前から擁立をもくろんでいた黄文王、その兄の安宿王など、奈良麻呂はクーデターを成功させるために多くの同志を糾合しようとしたため、それぞれを推す公卿官人らの異見の集約ができなかったと推考される。これがクーデター実行前に多くの密告によって計画が漏洩する原因ともなったのである。

そして第四に、もっとも注目されるのが、「皇太后宮を傾けて鈴・璽を取らむ」とあることである。このことについて、「皇太后宮」は、光明自身を指すのではなく居所を示すのであって、ここには孝謙も住いして母子同居の可能性があり、駅鈴・御璽は孝謙が保持していたと理解する説もある。けれども、やはりここは前述のように孝謙の存在感の乏しさ、光明の道祖王廃太子・大炊王擁立への主導力を考慮すると、光明が聖武没後に御璽などを保持していたと考えてよい。この鈴・璽は、天平宝字八年九月乙巳（十一日）条によって、七年後には淳仁が保持していたことがわかる。鈴・璽は、同二年八月の淳仁即位とともに光明から新天皇にわたったものと思われる。この事実は、先に論じてきた光明が実権をふるっていたこと、在位中も皇位を象徴する鈴・璽を保持していない孝謙の存在感の乏しいこと、そして光明が男帝の淳仁に期待していたことを明示しているのである。

奈良麻呂のクーデターが露顕した時、光明は御在所に塩焼・安宿・黄文の三人の諸王と奈良麻呂・古麻呂の五人を召して、「太后の詔を伝へて宣りて曰はく」（『続日本紀』天平宝字元年七月己酉条）とあるように、自重を求める「詔」を仲麻呂をして伝宣させている。その前日にも「更に右大臣以下の群臣を召し入れて、皇太后、詔して曰はく」とあるように軽挙を戒めている。ここで注目されるのは、光明が「養老公式令」令旨式条に規定する皇太子・三后が発給する「令旨」を超越して、天皇のみに許されている「詔」を二回も渙発していることである。この事実は、光明が孝謙の母としてというよりも、聖武の代行者として天皇権力を行使していたことを物語っている(19)。

おわりに

以上、光明について政治的なことに注視して論じてきた。光明は自己のため、また母として、そして生家藤原氏発展をも考慮して娘孝謙を即位させた。やがて絶える宿命にある独身女帝孝謙の皇嗣を考えた場合、正統な草壁皇統に見切りをつけて、あらたに天武系の皇統を創生する必要に迫られた。そこで光明は、生家を託した甥の仲麻呂の意向をも勘案して、大炊王を擁立して、擁護することによって舎人皇統を創生して天武系の存続をはかった。しかし、この光明の深謀は、その没後に在位中に権勢をふるえなかった反動よる孝謙の行動によって台なしとなった。結果、道鏡を寵愛したことによる政治的混乱と永手・藤原良継ら臣下の皇儲への介入をもたらし、光仁天皇の擁立を経て、桓武天皇の即位によって皇統は天武系から天智系へと移っていった。

光明というと、夫聖武を支え、仏教に深く帰依して、施薬院や悲田院を創設したことでもしられるように、良妻で優しい内助の女性というイメージが強い。これは戦前の国家が国民に求めた女性像に応えた皇国史観によって生み出された虚像である。戦後七五年がすぎてようやく皇国史観の呪縛から解き放たれて、光明の実像が論じられるようになったが、さらに光明の真の姿が追究される必要があると思う。

註

（1）木本好信①「奈良朝中葉における権力闘争について」（『政治経済史学』一二六号掲載、一九七六年一一月）、②「孝謙女帝像の実証的再検討」（『駒澤史学』二五号掲載、一九七八年三月）、③「藤原仲麻呂と孝謙上皇・淳仁天皇」（『藤原仲麻呂政権の基礎的考察』所収、高科書店、一九九三年六月、初出は一九八七年一二月）、④「光明皇太后の襟懐」（『古代文化』四二巻三号掲載、一九九〇年三月）、⑤「淳仁天皇と光明皇太后」（『奈良時代の藤原氏と諸氏族』所収、おうふう、二〇〇四年一二月、初出は二〇〇二年一月）、⑥「光明皇太后の政治構想」（『奈良時代の政争と皇位継承』所収、吉川弘文館、二〇一二年三月、初出は二〇〇六年三月）、⑦「光明皇后と皇位継承」（『奈良平安時代の人びとの諸相』所収、おうふう、二〇一六年一〇月）などがある。

（2）瀧浪貞子『光明皇后』（中央公論新社、二〇一七年一〇月）二四五頁。また氏は以前から同様の見解を示していて、『最後の女帝孝謙天皇』（吉川弘文館、一九九八年八月）でも「孝謙はむろんのこと、光明子でさえこの時、そうした仲麻呂の企みを見抜いていたとは思えない。廃太子劇は、父聖武の言葉を金科玉条とする孝謙の純粋さに仲麻呂がつけ入ったものであろう」としている。

（3）渡辺晃宏『平城京と木簡の世紀』（講談社、二〇〇一年二月）二八三頁。最近では、倉本一宏氏も「仲麻呂と孝謙の意がはじめから大炊王にあったことは、言うまでもない」（『藤原氏の研究』雄山閣、二〇一七年一一月）として同様の見解を示している。

（4）笹山晴生『奈良の都』（吉川弘文館、一九九二年七月）二一四頁。

（5）直木孝次郎他訳注『続日本紀』3（平凡社、一九九〇年一〇月）。以下、現代語文は、同書を引用・参考にしている。

（6）虎尾達哉「奈良時代の政治過程」（岩波講座『日本歴史』3・古代3所収、岩波書店、二〇一四年九月）。

（7）上村正裕「しりへの政と皇后」（『日本歴史』八四四号掲載、二〇一八年九月）。

（8）上村正裕「光明子と仲麻呂」（『史聚』五二号掲載、二〇一九年四月）。

（9）上村正裕「奈良時代の内臣と藤原永手」（『古代文化』七〇巻三号掲載、二〇一八年一二月）。

（10）上村正裕「大伴古麻呂と奈良時代政治史の展開」（『古代文化』六七巻二号掲載、二〇一五年九月）。

（11）岸俊男「たまきはる内臣」（『日本古代政治史研究』所収、塙書房、一九六六年八月）。倉本一宏「内大臣沿革考」（『摂関政治と王朝貴族』所収、吉川弘文館、二〇〇〇年六月）。米田雄介「内臣の系譜」（『摂関制の成立と展開』所収、吉川弘文館、二〇〇六年一月）。木本好信「藤原永手」（『藤原北家・京家官人の考察』所収、岩田書院、二〇一五年八月）。

（12）鷺森浩幸「天平末期の政治の一断面―聖武天皇と藤原八束・市原王―」（『天皇と貴族の古代政治史』所収、塙書房、二〇一八年二月）。

(13) 註(11)木本前掲論文。。
(14) 東野治之「東大寺献物帳と紫微中台」(『大和古寺の研究』所収、塙書房、二〇一一年八月)。
(15) 註(9)上村前掲論文。
(16) 註(10)上村前掲論文。
(17) 鐘江宏之「大伴古麻呂と藤原仲麻呂」(『学習院大学文学部研究年報』五一号掲載、二〇〇五年三月)。
(18) 光明の義姉妹が大伴古慈斐の妻となっているが、古慈斐と古麻呂はともに祖父が兄弟だという関係にすぎない。
(19) 『続日本紀』天平宝字元年七月戊申条に、「皇太后、詔して曰はく、(中略)「朕が後に太后に能く仕へ奉り助け奉れ」と詔りたまひき」とあって、聖武が没後には光明によく仕え、また助けよといっていたこと、また前掲の『続日本紀』にも「皇太后、遂に(中略)乃ち欽みて顧命を承けて、皇儲を議り定む」とあるように、大炊王立太子に際して、「聖武の意図をうけて」決定したといっていることからしても、光明の天皇権力の源泉は聖武の遺志をうけついだことにあったといえる。また、このことは淳仁も承知していたようで、『続日本紀』天平宝字二年八月庚子条に、「朕もまた念はく、前の聖武天皇の皇太子と定め賜ひて、天日嗣高御座の坐に昇げ賜ふ物を」とあるように、自分は聖武の皇太子として皇位についたといっており、これを決定したのが光明であることを考えれば、光明の皇権は聖武に依拠するものであることがわかる。光明が聖武没後も鈴・璽を孝謙に譲与せずに保持して、淳仁の即位に際して譲与したのも理解できる。その一方で、このような理解があったということは、やはり孝謙の存在感が乏しいことの傍証にもなる。

第六節　藤原仲麻呂と衛府

――授刀舎人の再置再論――

はじめに

著者は、もう四〇年以前の一九七七年に、直木孝次郎先生のご推薦で「授刀舎人再置に関する一考察」なる短編を発表したことがあった[1]。

授刀舎人の再置については、『続日本紀』天平十八年（七四六）二月己丑（七日）条にみえる「騎舎人を改めて授刀舎人と為す」との記事をめぐって、慶雲四年（七〇七）七月に創置された授刀舎人（第一次）に、騎舎人を改名して編入したものとする説と、慶雲四年創置の授刀舎人は神亀五年（七二八）七月に[2]中衛府として新設・拡大強化されたか、または吸収され停廃したことから、この度の授刀舎人は中衛府とは別に騎舎人をあらたに授刀舎人（第二次）として再置したとする説の、従来からの二説があり、著者の旧論は、後者の再置説を敷衍する内容のものであった。

現在は再置説が通説となっているが、しかしこれで授刀舎人再置のことがすべて解決したかというと、残された問題がないわけではない。それは、この第二次授刀舎人の再置についての政治的な背景である。第一次授刀舎人創置の場合は、藤原氏（不比等）の「皇位継承予定者としての首皇子（聖武天皇—引用者注）を反対勢力から擁護する意味も含まれていた[3]」と、創置理由や主導者が明確になっているのに対して、第二次授刀舎人の再置の場合は著者も旧論で主張しているものの、いまだ闡明されているとはいえない。

本小論では、天平十八年二月の第二次授刀舎人再置の政治的背景、その理由や主導者を中心に再び論じてみようと思う。

一　授刀舎人研究の整理—編入・再置説の検討—

それでは、第二次授刀舎人の再置理由や主導者について論述するまえに、まず編入・再置両説について旧論によって簡潔に整理してみる。

第一次授刀舎人が中衛府に吸収などされずに、中衛府設置後も併存し、騎舎人を編入したとする前者の説として、「神亀五年に（中衛府が設置されて—引用者注）六衛府となって後も授刀寮は寮として規模は拡大されなかった」とする大井重二郎氏(4)、「授刀寮が、神亀五年の中衛府設置以後も存続せしめられた」とする瀧川政次郎氏(5)らの解釈がある。これに対して、笹山晴生氏は、授刀舎人の名称が『続日本紀』では同四年十月甲戌（六日）条以降、人名では同三年の山背国愛宕郡雲上里計帳で跡をたって、天平十八年二月の該条までみえないことから、神亀五年七月に吸収・拡大強化されて中衛府となったために停廃されたと論証し(6)、角田文衛氏も「神亀五年には、授刀寮は中衛府に改編された」と簡単に笹山説を容認した(7)。

その後になって、井上薫氏は『続日本紀』の天平十八年二月己丑条は、①授刀舎人の再置とするより、騎舎人を神亀五年の中衛府設置以降も存続していた授刀舎人に加えたと解するほうが素直な解釈であり、②天平勝宝八歳（七五六）七月十七日の勅で授刀舎人と中衛舎人を厳別せよとしていること（詳細は後述する—引用者注）から、両者の設置事情や任務が異なると推察できることなどを勘案して、笹山説に異をとなえた。(8) つぎに直木孝次郎氏は、①は見解の相違で、どちらとも解せられるし、②の同八歳七月に両者が区別されているからといって、神亀五年七月以来両者が別々に存在していたことの証明にはならないとした。そして、あらたに同五年七月以降、天平十八年二月までの『続日本紀』の記事中から衛府を含む朝廷の中下級官人の職名が列記された条文Ⓐを摘出し、同様に神亀四年十月以前の条文にみられる授刀舎人が位置した序列Ⓑを比較して、Ⓐ条文にはⒷ条文の和銅四年(七一一)十月甲子(二十三日)条などの授刀舎人(帯剣舎人)の位置すべき記事の場所に中衛舎人が位置している点をあげて、③授刀寮と中衛府が並存していたならば神亀五年七月以降のⒶの記事のどこかにあるべき授刀舎人の名が一例もないとして、笹山説を支持された。(9)

たしかに直木氏のあげた③の理由は、笹山説のあらたな有力な論拠となりうる。けれども、井上氏のあげた編入・存続説の論拠である②については、直木氏の理解では否定できないようであり、まだ存続説の論拠として有効であるようにも思われる。このことを論点にして笹山氏の停廃説の正当性を論証したのが著者の旧論の主目的であった。まず、このことの論点である『続日本紀』天平勝宝八歳七月己巳(十七日)条を左記に摘記してみる。

勅したまはく「授刀舎人の考選・賜禄・名籍は、悉く中衛府に属せよ。その人数は四百を限とし、闕くれば即ち簡ひ補へ。但し授刀舎人と名けて中衛舎人とすること勿れ。その中衛舎人も亦、四百を限とす」とのたまふ。

この措置は同八歳五月の聖武太上天皇の死にともなうものであり、ゆえにいままで中務省の被管であった第二次授刀舎人を同様の職掌である中衛府に管理させたとする認識がある。(10) 大井氏は、近衛的な任にある中衛に所管することが便宜的であったとし、笹山氏は藤原仲麻呂の支配する中衛府に授刀舎人が事実上吸収されたと理解し、井上氏は前述のように「授刀舎人と名けて中衛舎人とすること勿れ」に注視して、第二次の授刀と中衛はずっと並存して厳別されていたと考えている。

著者はこの措置について、旧論では以下のように論述している。中衛舎人の定員が三〇〇人から一〇〇人増員されており、授刀舎人のもとの定員は判然とはしないものの、四〇〇人に増員され、また「闕くれば即ち簡ひ補へ」とあることから考えれば、授刀舎人を充実させよとの意図のあることは明らかである。さらに「授刀舎人と名けて中衛舎人とすること勿れ」ともあることからすると、笹山氏のいうように「（第二次―引用者注）授刀舎人が中衛府に吸収された」ということではなく、天平十八年の再置以降は厳別されて、並存していたことは間違いない。[11]

では、なぜ授刀舎人の考選などを中衛府に属させたのかという疑問が生じる。著者は、それは天平勝宝八歳七月当時には授刀舎人の考選・賜禄・名籍を管掌する官司がなく、管理に不都合であったからだと推考した。ということは、慶雲四年七月に創置された授刀舎人が神亀五年七月の中衛府設置に際して吸収などされずに存続していれば、授刀舎人は授刀寮（授刀舎人寮）という官司によって管掌されていたはずである。授刀寮が存在していなかったからこそ、天平十八年二月に再置された授刀舎人を、天平勝宝八歳七月になって同様の職掌である中衛府という官司に便宜的に管掌させることにしたのであり、天平宝字三年（七五九）十二月に仲麻呂が授刀衛を創設したのは、授刀舎人の管理を中衛府が行っているという矛盾を解決するためのものであったとする論を著者は提示して、第一次授刀舎人は、神亀五年七月に中衛府に吸収または拡大強化され停廃したと唱える笹山説を、補強したのである。

旧論発表後には、野尻房夫氏のように、第二次授刀舎人は、橘奈良麻呂の皇位をめぐる策動を感じていた聖武が、必ずしも確固な存在ではなかった皇太子阿倍内親王（孝謙天皇）の身辺を護衛するために設けたものであり、第一次授刀舎人は養老五年（七二一）以降より組織上の整備がなされたとする説をはじめ、[12]小倉章雄氏のように、第二次授刀舎人と同様に第一次授刀舎人も前身は行幸騎兵で、藤原房前が授刀頭となったのは参議に就任した養老元年（霊亀三年・七一七)十月前後だとする説[13]、島田修三氏のように、『万葉集』巻六・九四八〜九四九番歌にみえる神亀四年正月の授刀舎人の散禁事件について論じた説もみえる[14]。

また授刀舎人が五衛府と相違して、天皇の私兵であったという通説化した理解については、給禄体系や指揮系統に衛府兵士との違いがみられないことから衛府制度の補強策であり、第二次授刀舎人も阿倍皇太子の警固が再置目的ではなく、天平十七年の平城京還都により行幸が減少したために陪従騎兵を授刀舎人に転用したとする山田充昭氏らの成果に加えて[15]、第二次授刀舎人の前身である騎舎人は、聖武の東国行幸従駕の東国の騎兵[16]、伊勢・美濃などの郡司・豪族子弟から徴発されたもの[17]、行幸の従駕騎兵だとする論旨が発表された[18]。

これら従駕騎兵説に対して、森田悌氏は、兵衛らよりも隔たったところに配置されて、身分・階層も低い従駕騎兵は、授刀舎人のような親衛軍とはなりえず、天皇直属で舎人親衛軍の兵衛よりも格上であって、定員一六〇〇人という多人数から授刀舎人として分出することが可能であった大舎人に帯刀させて授刀舎人とした、とする新説を発表した[19]。森田論考の大舎人前身説は、行論が整然として正鵠を射たものとして評価できる。

二　授刀舎人研究の整理—再置理由と主導者の検討—

では、神亀五年七月以降に停廃されていた授刀舎人が、天平十八年二月に中衛府とは別に騎舎人を改編して、あらたに第二次授刀舎人として再置された理由、そこにはどのような政治的背景があるのだろうか。

笹山・直木両氏は、天平十七年に聖武が難波宮で危篤になった時、奈良麻呂らが皇太子阿倍に対抗して、黄文王を立てて兵を集めて決起しようとしたことに起因し[20]、この行動に対処しようとした防御策であったとしている[21]。再置理由としては、ほぼこれに尽きると思うし、首肯できる見解かと愚考するが、再置の主導者については見解がわかれる。

直木氏は、藤原氏の支配下にはいった中衛府とは別に、聖武が自己に直属する身辺警護の私的な兵力を欲したとして聖武の主体性を考えている。一方、笹山氏は、聖武や光明皇后など藤原氏と結ぶ勢力が阿倍皇太子を擁護するためにあらたな武力として再置したと説いている。『続日本紀』神護景雲三年（七六九）十月乙未（朔日）条が引く宣命文にみえる聖武の勅に「朕《（聖武）》が東人に刀授けて侍らしむる事は、汝《（孝謙）》の近き護りとして護らしめよと念ひてなも在る」とあることからすると、直木説どおりに第二次授刀舎人再置の主導者は聖武のように思われる。けれども著者は別の人物の介在を旧論で指摘した。これについて関説してゆこう。

まず、再置の目的が阿倍に拮抗して黄文王を擁立しようとした奈良麻呂らに向けられたものであることを考慮すると、この再置を政治的に必要視したのは聖武や光明以外にも存在する。天平十八年という年の政治動向を概観すると、註（20）にあげた『続日本紀』条文にみえるように、前年に聖武は難波宮で危篤状態に陥ったこともあり、奈良麻呂が「皇嗣立つること無し。恐るらくは、変有らむか」と立太子して七年を経ていた阿倍の存在を否定して、黄文王擁立の行動を大伴・佐伯・多治比氏らとすすめていたことを考えると、聖武や光明らの阿倍皇太子擁立派と、黄文王擁立派の奈良麻呂らとの、皇嗣をめぐる権力闘争が激化していたことは明白である。

このような政治状況を具体的に主張したのが直木氏で、氏は、すでに天平十六年以前から、元正太上天皇を中心に聖武皇子で縁戚の県犬養広刀自を母とする安積親王の擁立をめざす橘諸兄らと、藤原氏の権力拡大を目的に光明皇后を中心に阿倍皇太子を擁する仲麻呂の主導する政治勢力との間に対立のあったことを論じている[22]。また天平八年十一月に諸兄が橘宿禰姓を賜った時の「御製歌」である『万葉集』巻六・一〇〇九番歌が元正の作歌ともいわれていることから、元正と諸兄との親密さを指摘したうえで、元正・諸兄を中心とする皇親派と藤原氏との対立はいっそう激化していたとも述べ[23]、さらに『万葉集』巻十七・三九二二〜三九二六番歌にみられるような、同十八年正月の大雪の日、廃朝のために聖武への拝賀の儀のなかった時に、諸兄が大納言藤原豊成ら諸王・諸臣らを率いて元正の御在所に参入して雪掃きに奉仕した事実は、上述のような政治事情を背景としていたことを明らかにしている[24]。

直木氏のこれら一連の論文で重視されるのが、「天平十八年の任官記事をめぐって」で、これは任官に焦点をあわせて政治権力の推移を検討したもので、同十七年の任官数が一八例、同十九年が二八例なのに対して、同十八年が七四例と極端に多いことに注目して、この人事（補任）は、これを専当する式部卿に仲麻呂が同十八年三月に就任していることからして、仲麻呂が諸兄の勢力を排除して自己勢力を扶植する目的であったと結論づけられている[25]。この七四例の任官を詳細に検討すると、三月十四日から六月二十一日まで行われた人事が、九月十四日の人事を劈頭として補任しなおされており、その傾向は仲麻呂に近い官人の枢職への登用がめだち、反対に諸兄派の官人が閑職へと追いやられている。つまりこれは六月までが諸兄による人事であって、九月からは諸兄の人事の修正をも含めた仲麻呂が領導したものであったのである[26]。よって、同十八年を画期として仲麻呂の政治力は光明の支援をえて、左大臣である諸兄をも凌ぐようになっていたことが実証されるのであるが、これには、同十六年閏正月に擁立を企てていた安積が没して、阿倍皇太子の即位が確固となったことによる諸兄の権力の低下が影響していた。そして、翌年の同十九年末になって、諸兄の頼みとする元正が病床に伏すようになったことは、光明の影響力が大きくなるとともに、仲麻呂の政治力も拡大したことを物語っている。

このような政治状況を反映したのであろう、元正の没する一か月前の天平二十年三月になると、『続日本紀』にはみえないが、『公卿補任』天平二十年条によれば、石上乙麻呂・多治比広足・石川年足・藤原八束の四人が参議に昇任している。『公卿補任』は、『続日本紀』よりも史料価値は落ちるが、弘仁二年（八一一）までの部分は、同二年成立の「歴運記」にもとづいているとされるから信頼できるし、この四人のこれ以降の『続日本紀』の昇任関係記事を検討すると、参議昇任の事実は間違いない。[28]この四人は年足をはじめ親仲麻呂派というべき官人であって、[29]この新参議の加入によって、太政官での議政は仲麻呂主導ですすめられる条件が整ったとみるべきであろう。そして、このような経緯を経て、仲麻呂は天平二十一年、つまり天平勝宝元年七月の阿倍皇太子即位とともに創設された光明の皇后宮職を拡大発展させた紫微中台、その長官である紫微令への就任によって、その政治権力は揺るぎないものとなった。この令外官の創設によって、太政官はもはや有名無実なものとなった。[30]

やや冗長となったが、天平十八年を中心にそれ以後の政治状況について概述して、この年は仲麻呂が諸兄を凌いでその政治力を確実にしつつあったことを論証してきた。このような政治状況を考慮して、旧論では、授刀舎人再置について以下のことを明らかにした。再置の目的が、阿倍皇太子に対抗して黄文王の擁立をはかり実力行使をも計画する奈良麻呂らの蠢動にそなえたものであったこと。そして、阿倍皇太子を擁護する光明をはじめ、藤原氏、なかでも授刀舎人再置の実務的な役割を果たすことのできる人物は、嫡流南家の長子である豊成よりも、生家の将来を負託され、光明から政治的にも支援をうけていた仲麻呂以外にはありえないこと。この後に中衛府に委嘱されていた授刀舎人の考選・賜禄・名籍を管掌する官司として授刀衛を設置したのが仲麻呂であったこと。これらのことから同十八年二月の授刀舎人再置は、仲麻呂が主導したことが確実である。

三　藤原仲麻呂の授刀舎人再置の意図—中衛大将の補任から—

天平十八年二月の第二次授刀舎人の再置は、光明らの意図をうけて、仲麻呂が中心となって行ったもので、それは、反藤原氏勢力、すなわち、阿倍皇太子に対抗して黄文王の擁立をはかり政権の転覆を企てる奈良麻呂を中心とする大伴・佐伯・多治比氏らへの、対応策として行ったものであることが理解できたと思う。しかし、これは再置理由の一面であって、著者にはさらにもう一面、すなわち仲麻呂の個人的な理由もあったのではないかと思う。この頃、仲麻呂は左大臣の諸兄に政権をめぐって挑んでいたが、自身は参議にすぎなかった。しかし、当時の太政官には、中納言で七七歳の巨勢奈弖麻呂、兄の四四歳の藤原豊成、参議の上席に大伴牛養がいるだけで、将来政権を担うべきは豊成と仲麻呂であることは当然視されていた。なかでも前述したように、光明が長兄豊成よりも次兄仲麻呂に期待していたことは周知のことで、政治状況は、紫微中台創設を画期に光明・仲麻呂体制へと進捗する様相であったといってよい。

そのような政治情勢のなかで、仲麻呂が諸兄に対抗するために欲したのは、武力の掌握であったと思われる。いつの世でも、いかなる状況でも権力闘争においてもっとも有効なものは武力・軍事力であることは論をまたない。そのことは、仲麻呂も天平宝字元年七月に起こる奈良麻呂の変直前の五月に、「内外の諸の兵事を掌らしむ」として総ての軍事権を掌握する紫微内相に任じられていることをもってしても理解できる。この時、仲麻呂は参議・式部卿で、駆使できる武力を有してはいなかった。令制五衛府である衛門督は佐伯常人、左衛士督は佐伯浄麻呂、右衛士督は藤原八束であって(左・右兵衛督は不明)、仲麻呂がこれらを掌握していたわけではない。笹山氏は、大宝元年(文武五年・七〇一)から大同二年(八〇七)までの兵部省・五衛府の幹部を整理すると、天平勝宝年間(七四九〜七五七)までは大伴・佐伯氏が藤原氏を凌駕しており、大伴・佐伯両氏の武門としての伝統が現実に認められるとしている(31)。まさに五衛府は奈良麻呂派の中心である大伴・佐伯氏の影響下にあったのである。このような傾向が、天平勝宝年間以降に藤原氏に有利に展開することになったのは、仲麻呂の意図によるものであろう。このことからしても、仲麻呂が強く望んだのは中衛府の掌握だったと推測される。中衛府は六衛府のなかでももっとも精強であった。

　中衛府は、上述のように授刀舎人を吸収して、長屋王らを中心とする政治勢力に圧迫を加えようとする聖武および藤原氏によって創設されたもので、「藤原氏がその政権獲得の前提として、朝廷内部の兵権掌握を目的として行った」(32)藤原氏と密接な衛府であったが、仲麻呂の意図もそこにあった。中衛府の長官である中衛大将が創設時に誰が任じられたか明確ではないが、『万葉集』巻五・八一二番歌には、天平元年（神亀六年・七二九）十月に大宰帥で任地にあった大伴淡等（旅人）が藤原房前に梧桐の琴を送った時に添えた書に「中衛高明閤下」とあったことがみえているから、もうこの時には房前が中衛大将であったに違いない。「集解衣服令」朝服条が引用する養老六年二月二十三日の格に「授刀頭藤原朝臣房前」とあり、また『公卿補任』神亀三年条には、「授刀長官」とみえているから、房前は、授刀舎人寮を吸収または拡大強化して同五年七月に成立した中衛府に、そのまま授刀頭から横すべりして中衛大将に任じられたのであろう。その帯任は、『公卿補任』の房前が没した天平九年条に「中衛大将八年（在任―引用者注）」とあるから、中衛府設置当初からの八年間と推量できる。

　房前を継いで中衛大将となったのは豊成であったと思われる（第三節参照）。『続日本紀』天平十二年十月壬午（二十九日）条には、「兵部卿兼中衛大将正四位下藤原朝臣豊成」とみえる。『公卿補任』同十二年条には、「正月日兼中衛大将」とあって、同十二年正月に任命されたようにも思われるが、『続日本紀』にはこの年正月の補任は一件たりともみえない。『続日本紀』に補任記事がみえないからといって補任が行われなかったとはいえないが、中衛大将が藤原氏と密接な官職であることを考慮すれば、同十二年正月のことではなく、房前没後の間もない時に豊成が補任されたと理解してもよい。

　この豊成と仲麻呂であるが、同母兄弟でありながら必ずしも関係は良好ではない。二人の関係を明示するのが奈良麻呂の変での豊成の対応である。㈠『続日本紀』天平宝字元年七月戊申（二日）条、㈡同元年七月戊午（十二日）条、㈣天平神護元年（天平宝字九年・七六五）十一月甲申（二十七日）条には、以下のように記されている。

㈠去ぬる六月に、右大弁巨勢朝臣堺麻呂、密に奏さく、「薬方を問はむが為に、答本忠節が宅に詣でしとき、忠節因て語りて云はく、『大伴古麻呂、小野東人に告げて云へらく、〈人《仲麻呂》の、内相を劫さむとする有り、汝、従はむや〉といへり。東人答へて云へらく、《命に従はむ》といへり。忠節、斯の語を聞きて右大臣《豊成》に告ぐ。大臣答へて云はく、〔大納言《仲麻呂》年少し。吾、教誨を加へて殺すこと莫からしむべし〕といへり』といふ」とまうす。

㈡（東人款して云はく、）「七月二日の闇頭を以て、兵を発して内相の宅を囲み、殺し劫して即ち大殿を囲み、皇太子《大炊王》を退けむ。次に、皇太后宮《光明》を傾けて鈴・璽を取らむ。即ち右大臣を召して、号令せしめむ。然して後に、帝《孝謙》を廃して、四の王《塩焼・道祖・安宿・黄文王》の中を簡ひて、立てて君とせむといへり」といふ。

㈢右大臣豊成は、（中略）私に賊党に附きて、潜に内相を忌む。大乱を構ふることを知りて、敢へて奏上すること無く、事発覚れぬるに及びても亦、肯へて究めず。

㈣仲満《仲麻呂》、毎に（豊成を―引用者注）中傷はむと欲れども、その隙を得ず。大臣の第三子乙縄、平生に橘奈良麻呂と相善し。是に由りて、奈良麿らが事覚れし日、（中略）大臣を左降して大宰員外帥とす。

㈠・㈢では、豊成は、答本忠節から大伴古麻呂・小野東人らによる仲麻呂暗殺の計画など謀反の報告があったにもかかわらず、忠節には古麻呂らに説諭するといったのみで、結局はこの陰謀を看過して奏上せずに、右大臣として追及するなど適切な措置をとらなかったとある。「養老獄令」告密条には、「凡そ密告さむ人は、皆当処の長官に経れて告せよ」とあり、「養老職制律」事応奏而不奏条には、不奏の罪科が規定されている。豊成がこのような仲麻呂暗殺計画を黙認した理由のひとつに、㈢にみえる豊成に「潜に内相を忌む」という仲麻呂への倦厭の気持ちがあったといえそうである。もちろん、仲麻呂にも豊成と同じような感情のあったことは㈣条文によってもわかる。岸俊男氏は「折あらば豊成を陥れようと、たえずその機を窺っていた仲麻呂の策謀であった」[33]とし、栄原永遠男氏は仲麻呂が豊成に対抗意識を燃やしていたとする[34]。

おわりに

では、豊成と仲麻呂の関係が険悪となったのは何時の頃からであろうか。先述したように、天平十八年頃にはすでに光明の支援をえて、権勢の獲得をめざしていた仲麻呂にとって、令制では絶対的有利な立場が保証されている長兄の豊成は「目の上のコブ」であったに相違ない。仲麻呂が豊成に対抗するために求めたのは武力ではなかったか。山田氏は授刀舎人を論じて、マックス・ウエーバーの理論をひいて政治的支配を維持するうえで重要なのは兵力の存在であるとしている[35]。

孝謙天皇の廃位を目的のひとつとする天平宝字元年七月の奈良麻呂らのクーデター計画を黙認した豊成であれば、天平十七年当時の奈良麻呂の黄文王擁立と阿倍の廃太子を目的とする策謀に際しても、中衛大将として奈良麻呂らへの武力制圧を期待することはできなかったかもしれない。阿倍皇太子を即位させ、光明の信頼のもとで権勢の獲得をもくろむ仲麻呂にとって、奈良麻呂らに対抗するために必要であったのは武力であった。文武天皇が没した直後に首皇子（聖武）を護るための第一次授刀舎人、そして光明所生で生後一か月の神亀四年十一月に立太子した基王を守るための中衛舎人がこの時の仲麻呂には必要であった。そのことは、権勢をほぼ手中にした天平勝宝元年に早速に豊成から中衛大将職を奪い、自らがこれに任じたことからも推察できる。仲麻呂は阿倍皇太子を奈良麻呂らから衛り、何より自己の権力獲得のために武力を欲していたが、五衛府も駆使できず、豊成の管掌する中衛府にも期待できないことから、これに代わる自分のためのあらたな武力として「機動性にとむ精悍な騎馬兵であった[36]」騎舎人を改編して第二次授刀舎人の再置を主導したのである。

註

（1）木本好信「授刀舎人再置に関する一考察」（『続日本紀研究』一九〇号掲載、一九七七年四月、のち『藤原仲麻呂政権の基礎的考察』所収、高科書店、一九九三年六月）。
（2）『続日本紀』は神亀五年八月とするが、『類聚三代格』所収の勅によって同五年七月とするのが通説である。
（3）笹山晴生「授刀舎人補考」（五味智英先生還暦記念『上代文学論叢』所収、桜楓社、一九六八年一月、のち『日本古代衛府制度の研究』再収、東京大学出版会、一九八五年四月）。
（4）大井重二郎「奈良朝の衛府」（『続日本紀研究』二巻三号掲載、一九五五年三月、のち『平城古誌』所収、初音書房、一九七四年八月）。
（5）瀧川政次郎「授刀舎人について」（『続日本紀研究』三巻四号掲載、一九五六年四月）。
（6）笹山晴生「中衛府の研究」（『古代学』六巻三号掲載、一九五七年一〇月、のち『日本古代衛府制度の研究』再収、東京大学出版会、一九八五年四月）。
（7）角田文衛「軍団と衛府」（西田直二郎頌寿記念『日本古代史論叢』所収、吉川弘文館、一九六〇年一月、のち『律令国家の展開』再収、塙書房、一九六五年一二月）。

(8) 井上薫「舎人制度の一考察」(『律令国家の基礎構造』所収、吉川弘文館、一九六〇年一月、のち『日本古代の政治と宗教』再収、吉川弘文館、一九六一年一月)。
(9) 直木孝次郎「古代天皇の私的兵力について」(『史林』四五巻三号掲載、一九六二年五月、のち『飛鳥奈良時代の研究』所収、塙書房、一九七五年一一月)。
(10) 笹山晴生他校注『続日本紀』三(岩波書店、一九九二年一一月)一六六頁脚注。
(11) のちに野尻房夫氏は、中衛府は天皇親衛軍として確固たる位置をしめており、授刀舎人は孝謙天皇の近辺護衛のもので性格が相違していたとする(「舎人と衛府」、『日本古代史論苑』所収、国書刊行会、一九八三年一二月)。
(12) 註(11)野尻前掲論文。
(13) 小倉章雄「授刀舎人寮について」(『続日本紀研究』二四四号掲載、一九八六年五月)。
(14) 島田修三「授刀寮散禁歌考」(『淑徳国文』三二号掲載、一九九一年二月)。
(15) 山田充昭「授刀舎人を「天皇私兵」とする学説について」(『続日本紀研究』二八七号掲載、一九九三年一一月)。
(16) 林陸朗「皇位継承と親衛隊」(『上代政治社会の研究』所収、吉川弘文館、一九六九年一月)。
(17) 註(11)野尻前掲論文。
(18) 註(15)山田前掲論文。
(19) 森田悌「従駕騎兵と授刀舎人」(史聚会編『奈良平安時代史の諸相』所収、高科書店、一九九七年二月)。
(20) 『続日本紀』天平宝字元年七月庚戌条に、「去ぬる天平十七年、先帝陛下、難波に行幸したまひしとき、寝膳、宜しきに乖けり。時に奈良麻呂、全成に謂りて曰はく、『陛下、枕席安からず。殆ど大漸に至らむとす。然も猶、皇嗣立つること無し。恐るらくは、変有らむか。願はくは、多治比国人・多治比犢養・小野東人を率ゐて、黄文を立てて君とし、以て百姓の望に答へむことを。大伴・佐伯の族、この挙に随はば、前に敵無からむ。方に今、天下憂へ苦みて、居宅定まること無く、乗路に哭叫びて、怨歎くこと実に多し。是に縁りて議謀らば、事、必ず成るべし。相随はむや以否』といへり」とあることを指す。

(21) 註(6)笹山前掲論文、註(9)直木前掲論文。

(22) 直木孝次郎「天平十六年の難波遷都をめぐって」(『飛鳥奈良時代の研究』所収、塙書房、一九七五年一一月)。

(23) 直木孝次郎「元正太上天皇と橘諸兄」(『日本古典文学全集』第三巻月報掲載、小学館、一九七二年五月、のち『飛鳥奈良時代の研究』所収、塙書房、一九七五年一一月)。

(24) 直木孝次郎「橘諸兄と元正太上天皇」(『国文学』二三巻五号掲載、一九七八年四月、のち『夜の船出』所収、塙書房、一九八五年六月)。

(25) 直木孝次郎「天平十八年の任官記事をめぐって」(『続日本紀研究』二〇〇号掲載、一九七八年一二月、のち『夜の船出』所収、塙書房、一九八五年六月)。

(26) 木本好信「石川年足と藤原仲麻呂政権」(『奈良時代の藤原氏と諸氏族』所収、おうふう、二〇〇四年一二月)。

(27) 土田直鎮「公卿補任の成立」(『国史学』六五号掲載、一九五五年七月、のち『奈良平安時代史研究』所収、吉川弘文館、一九九二年一一月)。

(28) 木本好信『藤原仲麻呂』(ミネルヴァ書房、二〇一一年七月)五五頁。

(29) 四人のなかで藤原八束(のち真楯と改名)は、『続日本紀』天平神護二年三月丁卯条の「薨伝」に「仲麻呂から倦厭されて、病と称して出仕しなかった」とあることから反仲麻呂とするのが通説であった。しかし、それはこの「薨伝」の原拠資料である「功臣家伝」が遺族によって反逆者の仲麻呂派に与していたことを憚るゆえに捏造されていたためである（木本好信「藤原真楯薨伝について」、『古代文化』五七巻三号掲載、二〇〇五年三月、「藤原真楯薨伝再論」、『政治経済史学』四九一号掲載、二〇〇七年七月、ともに『奈良時代の政争と皇位継承』所収、吉川弘文館、二〇一二年三月）。
（30）早川庄八「古代天皇制と太政官政治」（『講座日本歴史』古代二所収、東京大学出版会、一九八四年一一月）。
（31）註（6）笹山前掲論文。
（32）註（6）笹山前掲論文。
（33）岸俊男『藤原仲麻呂』（吉川弘文館、一九六九年三月）二一六頁。
（34）栄原永遠男「藤原豊成」（『平城京の落日』所収、清文堂出版、二〇〇五年一二月）。
（35）註（15）山田前掲論文。
（36）笹山晴生『古代国家と軍隊』（中央公論社、一九七五年七月）一一四頁。

第七節　藤原執弓
――播磨介補任と『万葉集』巻二十成立の一断面――

はじめに

『万葉集』巻二十・四四八二番歌（新編日本古典文学全集、以下同じ）、

堀江越え　遠き里まで送り来る　君が心は　忘らゆましじ

の左注には、

右の一首、播磨介藤原朝臣執弓、任に赴きて別れを悲しぶるなり。主人大原今城伝へ読みて云爾。

とあるように、この歌は、藤原執弓が播磨国に赴任するのに際して難波の堀江まで送ってきてくれた「君」への感謝を詠ったもので、大原今城が自宅での宴で伝え読んだものとされる。ここにみえる執弓を堀江まで送った「君」も、『全注』が「恐らく大原今城であろうが」とするように、それは今城自身のことであろう。この歌について少し思うところを述べてみる（なお天平勝宝九歳と天平宝字元年は同じ年であり、表記にあたっては併用している）。

『万葉集』の注釈書は、以下の略称で示す。

・『全注』：『万葉集全注』巻第二十、木下正俊、有斐閣、一九八八年一月。
・『全釈』：『万葉集全釈』第六冊、鴻巣盛広、広文堂、一九三五年一二月。

・『注釈』：『万葉集注釈』巻第二十、澤瀉久孝、中央公論社、一九六八年一〇月。
・『私注』：『万葉集私注』九、土屋文明、筑摩書房、一九七〇年三月。
・『釈注』：『万葉集釈注』十、伊藤博、集英社、一九九八年一二月。

一　堀江の別れ

この四四八二番歌は、前の四四八一番歌と一連をなすもので、それには、「三月四日に、兵部大丞大原真人今城の宅にして宴する歌一首」との題詞があり、

あしひきの　八つ峰の椿　つらつらに　見とも飽かめや　植ゑてける君

の歌につづいて、

右、兵部少輔大伴家持、植ゑたる椿を属て作る。

なる左注がある。兵部少輔の大伴家持が、下僚である大丞の今城宅での宴に参加していたわけである。

この三月四日とは、天平勝宝九歳（天平宝字元年・七五七）三月四日のことで、この時の今城宅での宴で今城が「伝へ読みて云爾」なのであるから、執弓が播磨国に介として赴任したのは、もちろんそれ以前であることは間違いないものの、その期については明確ではない。

これについて『全釈』は、執弓が『続日本紀』にこの年の五月丁卯（二十日）条に、正六位上から従五位下に昇叙した記事のあることをあげ、「その播磨介であった時期は明らかでないが、位から推すとあまり遠い以前ではないやうだ」とする。『注釈』は、『全釈』の説を紹介するにとどめる。『釈注』は、「いつ播磨介に任ぜられたのかも不明」と

しながらも、「今の歌は目下の宴からそう遠い時期の詠ではなく、執弓を見送って謝された人は今城自身であったと考えられなくもない」として『全注』と同様に理解する。

『私注』は、「この様な心の流露した歌が、なほ此の時代にも作られて居た事を知るのは意義深い。座興で達者に作る家持等の歌とは、何か異なる調子がこもって居る」と評言したうえで、

執弓は天平宝字元年正六位上から従五位下となった記事が見えるだけであるが、その介に任ぜられたのは、天平十九年の田中養年富と宝字二年の上毛野広浜の間、勝宝中のことであらうから、此の宴の時と甚しくは隔ってない筈である。

と、やや詳細に述べるが、やはり『全釈』の解釈から大きくでてはいない。

以上、従前の諸注釈をみてみたが、執弓の播磨介補任がいつのことで、その在任はいつまでであったのかなど、なお検討すべき余地が残っているように思われる。

執弓は、従五位下昇叙後の「天平宝字二年詔書草[1]」に「藤原真先、弓取」とみえている。この正倉院文書には「弓取」とあるが、これは薗田香融氏がいうように「取弓」の間違いで「執弓」のことであろう[2]。そうすると執弓は藤原仲麻呂の二男の真先(真前)のことであるに間違いない。真先は、孝謙女帝から受禅した淳仁天皇が即位した同二年八月一日に改名しているが、この時は、弟の浄弁が訓儒麻呂(久須万呂)に、房前の息子兄弟である八束が真楯に、千尋が御楯に改名しており、新帝の藩屛として名を賜って改名したものである。

それでは、執弓の播磨国への下向はいつのことであるかだが、五月丁卯(二十日)条に正六位上から従五位下に昇叙したことをもって、『全釈』『釈注』は「遠い以前ではない」「遠い時期の詠ではなく」とするが、三月四日の宴で「今城伝へ読」んでいることを考えれば、上述のように同日以前の出来事であることには違いない。五月の従五位下

への昇叙という事実をあげているのは、大国（播磨国）の介が「正六位下」という「養老官位令」に規定する相当官位を考慮したものであろうが、何ら解決の論拠とはならない。問題は三月四日から遡ったいつなのかである。

播磨介の前任者は不明であるが、この前後の播磨守ならわかる。『万葉集』巻二十・四四五二番歌の左注には、天平勝宝七歳八月十三日に安宿王が播磨守であったことがみえる。しかし、同八歳十一月八日に出雲国で詠われた四四七二番歌の題詞には讃岐守であったことが記されている。『続日本紀』天平宝字八年十二月乙亥（十三日）条の坂上犬養の卒伝に「宝字元年、播磨守に任せられ」とあるから、安宿王の後任となったのは犬養であろうと思う。天平勝宝七歳八月〜同八歳十一月から天平宝字元年（同九歳）まで時間差があるが、その間に別人物が播磨守に任じられたとは思えない。犬養の播磨守補任が天平宝字元年のいつかわからないが、その年の早い時期だとすると、安宿王の離任と犬養の補任の時間差は短いようにも思われる。国守と介とが必ずしも同じ時に補任されるとは限らないが、もしそうだと仮定すると、執弓の播磨介補任も天平勝宝七歳八月〜同八歳十一月から天平宝字元年（同九歳）三月までの間、断定はできないが天平宝字元年に入ってのことではなくて、おそらく天平勝宝八歳十一月以前のことではないかと思う。何より今城が上総大掾から兵部大丞として帰京したのは、四四五九番歌にあるように同八歳三月以降だということも念頭においておかなければならない。

四五一五番歌には、家持が天平宝字二年六月十六日に因幡守に任じられた直後の同二年七月五日に、今城宅で家持を餞する宴が催されたことがみえる。この後、しばらくして赴任したことが考えられるから、赴任は補任の一か月後くらいであったと思われる。また『続日本紀』天平宝字二年九月丁丑（八日）条には、国司の交替に程期がないことから、明法博士に論定させて、「官符到りて後、百廿日の内に付け了りて京に帰れ」とあって、前任者は、新任者との事務引き継ぎを早く終らせて一二〇日以内に帰京することを定めている。一年以上のちのことであるが、このような国司交替の現状を勘案すれば、執弓の播磨介の補任は、守安宿王が讃岐守に異動した時であろう、天平勝宝八歳三月頃から十一月八日までの八か月余ということになる。今城は同八歳十一月二十三日の大伴池主宅での飲宴で二首の歌を詠んでいる（四四七五、四四七六番歌）。ここには主人池主の歌もなく、家持も参加していたかどうかわからない。家持が参加していたとすると、うがった見方かもしれないが、ここで今城から堀江での歌が披露されなかったことから、執弓の播磨への赴任はこれ以降のことだと理解できなくもないが、確定できない。執弓は、たぶん同八歳秋、十月末頃に任じられて、今城に見送られて堀江を発ったのは遅くとも同八歳十一月末のことではなかったかと推考される。

そして、もう一つ注視したいのは、なぜ今城が見送りにいったのかという点である。もちろん親しい仲であったからであろう。今城の母は大伴坂上郎女で、(3)父は穂積親王と考えられているが、郎女は穂積の没後に藤原麻呂と再婚したともいわれるくらい藤原氏と親しい仲にあった。(4)また今城は『続日本紀』宝亀二年（七七一）閏三月乙卯（二十八日）条に、「无位多治比真人木人・大原真人今城に並に従五位上」とあって本位に復されていることがみえている。今城が官位を剥奪されていた確固とした理由はわからないが、岸俊男氏は今城も木人も藤原仲麻呂の乱によって官位を剥奪されたとしている。(5)著者はかつて今城について仲麻呂派官人であったことを論じたことがあったが、(6)この今城が、のちに仲麻呂の乱に関わり官位を剥奪されることにもなる仲麻呂派となった要因は、執弓との親交にはじまることであったのかもしれない。

それではつぎに、執弓が播磨介の任を終えて帰京したのはいつのことであろうか。『続日本紀』天平宝字二年十一月乙未（二十七日）条には、上毛野広浜が従五位上に叙せられた時に播磨介に在任していたことがみえることから、すでにこの時以前には播磨国から帰京していたことになる。ここで注視されるのが「神祇大輔中臣毛人等百七人断簡歴名」[7]と名づけられた正倉院文書である。この文書は日時を欠いており、『大日本古文書（編年文書）』は「続日本紀、公卿補任等ニ依リテ、今姑クコノ年ニ収ム」として同五年のものとしている。しかし、かつて野村忠夫氏が詳細に検討を加えられて、「大間書的な性格の任官関係文書の写し或は聞書であろう」とし、同二年八月四日のものとされた。[8]この文書には「兵部大輔藤原真先」「大和守藤原真前、兼」とみえている。ここでは「真先」と「真前」とで表記が異なるが、「真前」には「兼」との注記が付されているから、兵部大輔の本官に加えて地方官の大和守を兼官したということで納得できる。同様の例で「式部少輔藤原久須万呂、兼」とあり、また「陰陽頭藤原葛万呂」ともある。『日本古代人名辞典』は「藤原葛万呂」を「久須万呂」とは別人として、この陰陽頭補任の記事のみ掲げるが、『大漢和辞典』は「葛」を「くず」と訓することをあげているので、「葛万呂」は「くずまろ」と読んで久須万呂（訓儒麻呂）と同一人と解すれば、「真先」と「真前」を同一人とするのも問題はなくなる。

つまり、執弓は天平宝字元年三月以前（前述のように天平勝宝八歳年末か）に播磨介に赴任したが、翌二年八月一日の従五位上への昇叙直後の同月四日の人事異動によって兵部大輔に大和守を兼任することになって、同二年八月一〜四日頃までには京師に戻っていたらしいことがわかる。兵部大輔の前任者は、同元年六月十六日に補任されていた他ならぬ家持であったが、同元年十二月十八日の四四九〇番歌には「右中弁大伴宿禰家持」とあって、すでに右中弁に異動して遷っていたことがわかるから、執弓が兵部大輔に就いたこととは矛盾しない。

家持は天平宝字元年六月二十三日には四四八三番歌によってまだ兵部大輔に在任していたことがわかり、十二月十八日には右中弁に遷っていたのであるが、この間の補任の可能性を『続日本紀』の記事に拾うと七月九日が考えられる。七月九日には、巨勢堺麻呂が左大弁、紀飯麻呂が右大弁に任じられる記事があって、弁官職のみの異動がみられる。『続日本紀』はじめ史料にはこの間に、この補任しか認められない。これは七月四日に起こった橘奈良麻呂の変をうけたものであろう。同元年七月庚戌（四日）条には、奈良麻呂は、以前からクーデター計画に加わることを求めていた佐伯全成に対して、全成とは面識のなかった首謀者の一人である大伴古麻呂とともに二人で説得するために、弁官曹司に誘っている。古麻呂は遣唐副使として入唐するまえの天平勝宝元年（天平二十一年、天平感宝元年・七四九）八月に左少弁となり、帰国後の同六年四月から左大弁の任に就いていた。また奈良麻呂も天平宝字元年六月に右大弁に任じられている。

これらのことを考えると、クーデター計画は弁官の曹司を中心にすすめられていたらしい。この政変を鎮圧して、弁官局から古麻呂・奈良麻呂色を一掃することが仲麻呂の課題であった。『続日本紀』は堺麻呂を左大弁、飯麻呂を右大弁とする補任を記すのみだが、中弁や少弁を含めて弁官局の異動が行われたことが想定される。よって、家持が兵部大輔から右中弁に遷任したのも同じ天平宝字元年七月九日のことだと思ってよい。執弓が兵部大輔に就任する同二年八月四日までのほぼ一年間の兵部大輔には誰か別人が在任していた可能性のあることが指摘できる。

二　堀江の別れの歌と大伴家持

さて、この四四八二番歌を含む歌群について、伊藤博氏は、

この歌群は、大原今城その人が所有していた資料なのであろう。（中略）一度か二度かはわからないけれども、ある時今城はそれを家持に献じ、家持は例によってそれを自己の篋底に蔵したのであろう。「右件四首伝読兵部大丞大原今城」（四四七七〜八〇左注）「主人大原今城読云爾」（四四八二左注）というのは編纂次の記録かもしれないが、[9]

として、とくに左注については「編纂次の記録かもしれない」としている。そうすると、「真先」「真前」ではなく、「執弓」と記されているのであるから、編纂は改名のあった天平宝字二年八月一日より以前であると考えなければならなくなる。とともに、このことはこの左注に編纂次以降の容喙がないということにもなる。

しかし、巻二十は周知のとおり、巻末に天平宝字三年正月の因幡国庁での家持の歌を収めており、伊藤氏自身もその成立を桓武朝初期、就中、春宮大夫専任時代の延暦元年（天応二年・七八二）から同二年十二月の一か年半の間に求めている。そうなると、やはり「執弓」ではなくて、「真先」か「真前」でなくてはならない。「執弓」よりも、参議に昇り父の仲麻呂政権を根底から支えた武官としての改名後の「真先」「真前」の名前のほうが、延暦元年～同二年頃の家持の記憶に鮮明であったに相違ない。

ということは、この左注は伊藤氏の推測したように「巻二十の編纂次に家持によって記録された」ということではなく、今城が家持に提供した資料に記録されていたそのものであったと解したほうがよい。もし、そうだとすると、この今城の家持への資料の提供は、やはり天平宝字二年八月以前であることとの蓋然性が高い。

伊藤氏は、一度か二度かはわからないけれどもというが、少なくとも四四七七～四四八〇番歌の「右の件の四首、伝へ読むは兵部大丞大原今城なり」と左注する四首と、当の四四八一～四四八二番歌の二首は、一時に今城から家持に提供されたものであろう。そうだとすると、資料の提供がなされたのは、天平宝字元年三月四日から同二年八月一日までということになる。同二年八月以前に提供されたものであることが明確なこととなると、四五一五番歌の題詞によってもわかるように、同二年七月五日には今城の宅で家持の因幡国への赴任を餞する宴があったことを考えれば、家持の出発はいつか正確にはわからないが、因幡国に発つ以前の同元年三月四日から同二年七月五日の間に今城より家持に提供されたことになる。

伊藤氏は四四八二番歌につづく四四八三～四四八五番歌の「勝宝九歳六月二十三日、大監物三形王の宅にして宴する歌」と、つぎにつづく四四八六～四四八七番歌の「天平宝字元年十一月十八日に、内裏にして肆宴したまふ歌二首」に関して、

　巻二十における勝宝九歳（七五七年）以前と宝字元年（七五七年）以後とのこの断層が何を意味するかは、目下の段階ではっきりしたことはいえない。歌稿入手を続けていた家持の上に何か異変があってこうなったのか、それとは無縁の何らかの事情によって、勝宝九歳次をもって巻末とする時期を巻二十が持ったためにこうなったのか、明確ではない。けれども、勝宝九歳の歌は秋の歌である。物色の変化を嘆ずる歌である。勝宝九歳秋といえば、その七月に起った橘奈良麻呂の事件、中でも、それによって家持多年の歌友池主がおそらくは獄死した事件を想起しないわけにはゆかない。当面の断層は、すくなくとも、家持の歌稿保存、資料蒐集の上に、この事件が何らかの影響を及ぼしたことを示すものと見てよいのではないか。つまりは、家持の本格的な歌稿の蒐集と保存とは、この独詠歌をもって一次終ったことが、この断層となってあらわれたのでなかったか。

とし、また、「巻二十には、勝宝九歳の歌（四四八三～五）までと宝字元年十一月の歌（四四八六～七）以降との間に断層が認められるが、この断層は、歌稿保管における心境の変化、ひいては巻二十の成立過程の何らかの意味を示すものと覚しい」とも、「勝宝九歳次の歌は(c)の歌（四四八五番歌—引用者注）をもって終り、同じ年ながら、つぎからは年号変って天平宝字元年歌となる。これは大変奇妙な姿だが、今城提供資料と家持側資料(二)とをつなぎあわせたところからこうなったものにちがいなく」ともいっている。伊藤氏のいう「断層」とは何を示すのかについては著者にはいまひとつ明解ではないが、六月二十三日から十一月十八日までは五か月ほどで、時間的には断層とはいいがたい。たぶん、伊藤氏は前に引いたように、「勝宝九歳」と「宝字元年」に圏点を付していることから、同じ年なのに勝宝と宝

字の元号の変化に注目して、これを断層とよんだのであろう。

だが、この時の改元は八月十八日に行われており、それ以前の六月二十三日は当然に天平勝宝九歳、それ以後の十一月十八日はこれも当然のように宝字元年と資料にあったであろうし、題詞にも表記されるべきものであったのである。けっして家持の歌稿の蒐集と保存とが、独詠歌をもって一次終ったとはいいきれない。天平勝宝七歳二月から天平宝字三年正月の四四四二〜四五一六番歌の間には、様式と使用字の特徴からして著しい差異は認められないとする主張もある。

伊藤氏は、先の天平宝字元年十一月十八日の肆宴歌（四四八六〜七番歌）以降の資料提供について、「提供者は手懸りを得ないが、存外に後れて宝字三（七五九）年を下るのかもしれない（ただし、七六二年以前）」と述べる。けれども、家持は同二年七月に因幡国に赴任しているのであるから、朝集使などで一時的に帰京することはあったにしても、同三年中はおろか信部大輔補任によって帰京する同六年正月まで降ることともなりかねない。前述のように四四八五と四四八六番歌との間に断層があったという明証はないのであるから、資料の入手を強いて同三年以降に考える必要はない。同三年に降すと、同元年十二月の今城の四四九二番歌の資料が一年以上も経って家持のもとに来たことになり不自然である。(10) 断層を考えないで、同元年十二月二十三日の四四九二番歌の資料も四四八二番歌と同一時の提供であるとして、同元年十二月二十三日から、因幡国赴任前の同二年七月頃までに家持に提供されたと考えたほうが自然である。

家持と今城とは、家持の赴任前にはともに官衙にあって欲せばいつでも逢うことが可能であったはずである。この後の同二年七月五日の四五一五番歌は、「治部少輔大原今城真人の宅にして、因幡守大伴宿禰家持に餞する宴の歌一首」である。伊藤氏は「いかなる次第か、ほかの人の歌はない。主人今城の歌もない。歌々はその場で記録されることもなく、消え去ったのであろう。家持は、ひとり自宅に帰って、この一首を歌稿にそっと記し留めた[11]」として、今城が資料提供したものではないとする。よって、四四九二番歌が今城から家持に提供された最後の歌であることを考えれば、それは家持の因幡守赴任の同二年七月以前と考えるのが妥当であろう。

おわりに

この天平宝字元年十二月から同二年七月までという期間は、家持にとって同元年七月の奈良麻呂の変という政変を経験して、それにともなっての池主・古麻呂ら同族を失った衝撃からやっと立ちなおりつつあった時であり、また右中弁として政権の中枢にいて元どおりの官人生活をとりもどした時期でもある。また、今城にしても兵部大丞から治部少輔に昇った直後で官人としての勇躍期にもあたっている。

この期に家持が〝家持歌巻〟編纂のために積極的に資料を収集していたとしてもけっして不思議ではない。池主らを失ってしまったあと、兵部省で少輔・大輔を歴任していた家持にとって、従兄弟で下僚の大丞でもあった今城の存在は一層身近なものとなってきていたに違いない。それは因幡国赴任に際しての、「大原今城真人の宅にして、因幡守大伴宿禰家持に餞する宴の歌一首」という四五一五番歌の題詞によっても看取することができると思う。

註

（1）『大日本古文書』編年文書四巻二八四頁。

（2）薗田香融「恵美家子女伝考」（『史泉』三二・三三号掲載、一九六六年三・一二月）。

(3) 木本好信『大伴旅人・家持とその時代』(桜楓社、一九九三年二月)二二六~二二八頁で詳述している。

(4) 木本好信「藤原麻呂」(『藤原北家・京家官人の考察』所収、岩田書院、二〇一五年八月)。

(5) 岸俊男『藤原仲麻呂』(吉川弘文館、一九六九年三月)四一四頁。

(6) 木本好信「大原今城と家持・稲君」(『大伴旅人・家持とその時代』所収、桜楓社、一九九三年二月)。

(7) 『大日本古文書』編年文書一五巻一三〇~一三一頁。

(8) 野村忠夫「所謂『上階官人歴名』断簡補考」(『続日本紀研究』三巻七号掲載、一九五六年七月)。

(9) 伊藤博『萬葉集の構造と成立』下(塙書房、一九七四年一月)。以下の伊藤氏論文の引用は該書による。

(10) 本小論は、一九九五年前後に起草した草稿に修訂を加えたものである。伊藤氏は今城の家持への資料の提供期について、引用したように一九七四年一月刊行の『萬葉集の構造と成立』下(塙書房)には「天平宝字三年を下るのかもしれない」としている。しかし、一九九八年一二月刊行の『萬葉集釈注』十(集英社)では、「大伴宿禰家持歌集」四巻(巻十七~巻二十)を組み立てることは、天平宝字元年秋の頃から翌二年の前半にかけてのことであったと変更している。「家持歌集」を組み立てることと、今城の資料提供期との相違はあるが、くしくも草稿の「天平宝字元年十二月から同二年七月頃まで」とする結論とほぼ同じとなった。

(11) 伊藤博『萬葉集釈注』十(集英社、一九九八年一二月)八一四頁。

第二章　藤原北家官人の考察

第一節　藤原御楯

はじめに

著者は前著『藤原北家・京家官人の考察』（岩田書院、二〇一五年八月）で、「歴史は人の営みの結果であることを重視すれば、官人の個別考察という視点からあらたに政治史を構築することも無駄なことではない」と述べたように、常に奈良朝政治の潮流の中心にあった藤原氏の出自官人に注目し、その生涯を考察し、政治史のなかに位置づけることも、奈良朝政治史解明の一方法であると考えて研究をすすめてきた。

旧著『藤原式家官人の考察』（高科書店・一九九八年九月）では、式家の宇合・田麻呂・百川・蔵下麻呂・種継らについて、また前著では北家の房前・永手・真楯・魚名、そして京家の麻呂・浜成について既述してきた。しかし、北家に関しては、長子鳥養、六子御楯、七子（末子）楓麻呂の三人にはまだ論及していない。ただ鳥養は早逝したことから別にして、御楯と楓麻呂の二人については、前述の兄たちの行跡と対照しながらその動向に注視することで、北家官人としての活動やまた時の政権との関わりのなかから奈良朝政治史の一端が解明されるとも思う。

そこで本小論では、北家七兄弟のなかでは権臣藤原仲麻呂の娘婿となって、仲麻呂政権と深い繋がりをもったことで兄弟のなかでは異なる存在であった御楯（改名前は千尋）に焦点をあわせて考察をすすめようと思う。

一　千尋の出生と出身

千尋については、『続日本紀』天平宝字八年（七六四）六月乙亥（九日）条に、

従三位授刀督兼伊賀近江按察使藤原朝臣御楯薨しぬ。平城朝の贈正一位太政大臣房前の第六子なり。

とみえているから、藤原北家の始祖房前の六男であることがわかる。つまり長兄鳥養、二兄永手、三兄真楯（八束）、四兄清河、五兄魚名、そして七弟として楓麻呂がいたのである。この千尋の薨伝は簡略であることから、[1] いつの生まれなのか、母は誰なのかについてなど詳細なことはよくわからない。ただ、『公卿補任』同八年条には、「六月一日薨、一名千尋、在官六年、五十」とみえている。参議の在任は、同三年六月からだから足かけ六年であって間違ってはいないものの、亡日が違うなどのことがあるから必ずしも正しいとはいえないが、『続日本紀』薨伝には記述されていない享年が「五十」と記されている。そうすると、千尋の生年は逆算すると、霊亀元年（和銅八年・七一五）ということになる。

しかし、千尋は前述のように房前の六子である。五子の魚名が生まれたのは養老五年（七二一）であるから、[2] これ以後の生まれということになり、『公卿補任』の享年の記事は間違っていることがわかる。では、下限がいつかというと、七子の楓麻呂の誕生以前ということになるが、この楓麻呂の生年もはっきりしない。同七年とも、[3] 天平元年（神亀六年・七二九）の生まれとも考えられているが、[4] 次節で論じるようにもう少し降らせて同二年〜三年の可能性もある。[5] よって、千尋の生年はこの間ということは確実だが、これ以上は追究のしようがない。ただ従五位下への叙爵時のことや養老七年から天平二年までの中間という最大公約数的なことを考慮すると、神亀元年（養老八年・七二四）あたり

が妥当といえるのではないかと思う。

母は、『公卿補任』によると二兄永手・三兄真楯と同じ牟漏女王であるという。牟漏女王は、敏達天皇の末裔である美努王と県犬養橘三千代との間に生まれているが、兄弟に、のちに左大臣となる橘諸兄（葛城王）、佐為（佐為王）がおり、三千代が再婚して藤原不比等との間にもうけた異父妹に、聖武天皇の皇后となった藤原安宿媛、つまり光明皇后がいる。

千尋が、『続日本紀』に初出するのは天平勝宝元年（天平二十一年、天平感宝元年・七四九）四月甲午（一日）条で、正六位上から従五位下に昇叙した、いわゆる叙爵記事である。神亀元年生まれだとすると、「養老選叙令」授位条に規定される出身年齢の二一歳時が、天平十六年になる。その蔭階は、父房前が没後の同九年十月に正一位を贈られていたから、「養老選叙令」五位以上子条にみえる一位庶子に与えられる正六位上であるが、没後の贈位の場合は一階降すという規定もあるから正六位下であったと推考される。そうすると、同十六年より叙爵した天平勝宝元年までの五年間に一階昇叙していたということになる。

千尋の兄弟で、出生年が明確なのは、永手・真楯・魚名の三人のみだが、長兄鳥養が早逝して嫡子となった永手は別にして、真楯は霊亀元年生まれで、叙爵は天平十二年。魚名は養老五年生まれで、叙爵は天平二十年。真楯は蔭叙から叙爵まで五年、魚名は七年を費やしているが、千尋も大きく齟齬をきたしていないことを考慮すれば、千尋の生まれは先に推考した神亀元年くらいと理解することは許されると思う。

千尋が生まれた神亀元年頃というと、父房前は四四歳、正三位・参議で、天皇の親衛隊的な軍隊である授刀寮の長官である授刀頭の任にもあって、政治の中枢にあった。

二　千尋と舅藤原仲麻呂

先に千尋が天平勝宝元年四月に叙爵したことを記したが、この叙位は聖武が皇后光明と皇太子阿倍内親王をともなって東大寺に行幸したおりのもので、今は亡き三千代が歴代天皇に忠誠を尽くして仕え、また夫不比等亡きあとの藤原氏の家門をよく守ったことを賞するとして、それを孫たちにも及ぼして昇叙するという処遇によったものであった。

たしかに千尋だけでなく、三千代の長子諸兄の子である奈良麻呂が従四位下から従四位上に、娘牟漏女王の長子永手が従五位下から従四位下へ、次子佐為の娘で聖武の夫人であった橘古那可智も正三位から従二位へと、三千代の孫たちが昇叙している。

つづいて千尋は、天平勝宝元年七月に従五位上に昇叙している。これは阿倍内親王が聖武の譲位をうけて孝謙天皇として即位したことに係わる叙位である。

この時に昇叙した官人を『続日本紀』にみてみると、久世王・伊香王の諸王を除くと、諸臣は一四人。紀麻路・多治比広足・石川年足・紀飯麻呂・吉備真備・巨勢堺麻呂・肖奈王福信・多治比国人・佐伯毛人・賀茂角足・大伴犬養・御方大野・鴨虫麻呂と千尋である。

このなかには真備・国人のように仲麻呂とは犬猿の仲の者もいるが、大半は仲麻呂の派閥にある者たちである。年足と飯麻呂はやがて成立する仲麻呂政権で大納言・参議となった重鎮であり(6)、堺麻呂は参議・式部卿を務め、福信・毛人らもつぎに述べる紫微中台の少弼・大忠に任じられた親仲麻呂派の者たちで、犬養は仲麻呂の舅でもあった。真備はかつて孝謙の春宮大夫兼東宮学士を務め、また大野も春宮少属であったから、この二人の昇叙は新天皇の意思によるものと考えてよい。

　そして注目されるのは、同日に仲麻呂が大納言となり、光明を背後勢力とする行政機構である紫微中台を創設して、文武枢要職を帯任する官人を集めて、自らその長官である紫微令に就き、太政官に勝る権力を掌握したことである。

　このような政治状況で、千尋が昇叙しているのは、政治的に仲麻呂派に属して、その政権下に期待される人材であったことを物語っている。もちろん、それは仲麻呂の長女である児従の夫、つまり婿としての存在をも考慮したものであった。

　千尋、この時二六歳前後。すでに児従と結婚して、仲麻呂の婿となっていたはずである。児従の母はよくわからない。仲麻呂には、房前の娘で牟漏女王を母とする可能性のある従妹の袁比良売(宇比良古)と、犬養の娘らの妻室がいるが、もし児従の母が袁比良売だった場合、千尋は、従兄である仲麻呂と姉である袁比良売との間に生まれた姪と結婚したことになる。ただ、『尊卑分脈』には、仲麻呂の三子久須麻呂の母は「参議房前女」とあって袁比良売と明記する。しかし、児従と同じような名前から同母であろう長子真従の母が不明とあるから、児従の母が千尋の姉の袁比良売である可能性は低い。

　児従がいつの生まれかよくわからないが、この当時の男性は二〇歳頃に初出子をもうけることが多いから、前述の真従が仲麻呂の二〇歳頃である神亀二年・三年頃の生まれだとすると、真従の同母妹である児従は神亀五年頃の生まれと推察することができる。つまり千尋に

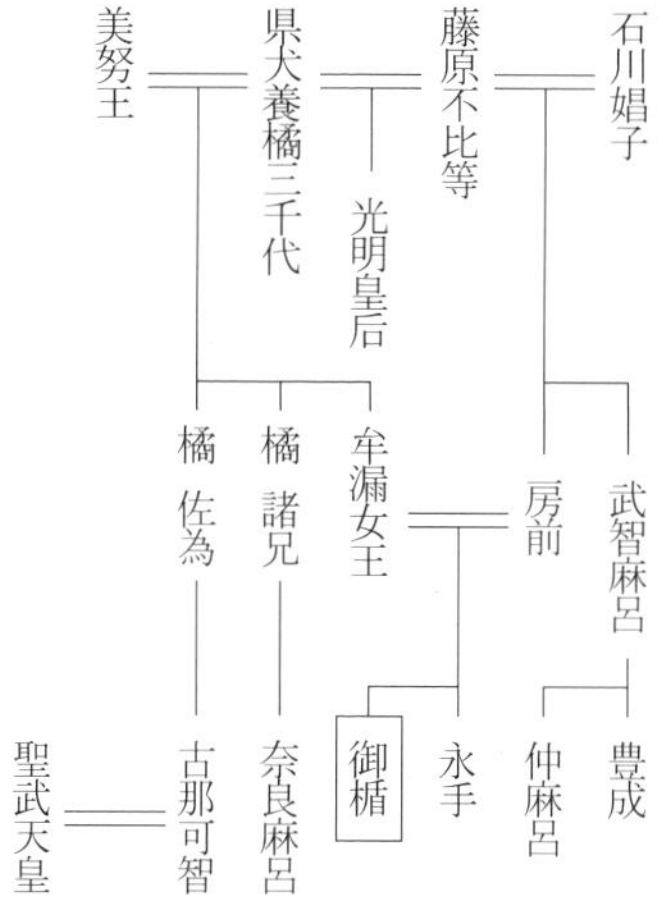

【県犬養橘三千代関係略系図】

とって児従は、従兄の娘であるが、仲麻呂は一八歳前後年長であったから、児従は年齢的には四歳〜五歳年下であって適齢となるのである。

しかし考えてみると、仲麻呂の長兄である豊成も袁比良売の姉を妻として迎えている。藤原南家武智麻呂の息子の豊成・仲麻呂兄弟は、叔父房前の娘姉妹と婚姻を結んでいるのである。これは世代を重ねれば、自然と疎遠になる一族の関係を危惧して、不比等の長子である武智麻呂の南家と、次子である房前の北家が、さらなる濃い血縁関係を結ぶことによって藤原氏一族の団結のもとに政治権力の獲得・確保を目的としていたからであろう。

仲麻呂は、妻の生家である北家とも気脈を通じて、その政治的協力をえて、政治権力の掌握を企んでいたのであり、重ねて北家との関係を確固とするために、長女の児従に妻の弟で適齢の千尋を娶わせたのである。そのことが奏功してか、千尋の兄たちの永手・真楯らも仲麻呂政権の成立に協力している。(7)

三　千尋と藤原仲麻呂政権―美濃守任官など―

その後、千尋は叙爵の翌年天平勝宝二年五月に美濃守に補任されている。天平十六年頃に出身して、何かしらの官職に就いたものと思われるが、具体的な官職名はわからない。公卿の子息が就く登竜門的官職は、天皇に帯刀して近侍宿衛し、また雑使に供奉して、天皇が駕行する時には前後に分衛するという内舎人であるので、千尋もおそらく任期の四年ほど内舎人を務め、その後は諸寮の次官などの官職に任じていたのであろう。

千尋が国守として任じた美濃国には、東国に抜ける東山道の不破関があり、伊勢(東海道・鈴鹿関)・越前(北陸道・愛発関)とともに三関国といわれて、畿内防衛のうえからも軍事的に要衝国であった。美濃国は、延暦八年(七八九)に三関が廃止になるまで国の等級としては大国であったらしく、国守の位階は「養老官位令」には従五位上が相当と規定されていたから、千尋にとってみれば美濃守という官職は妥当なものであったと評してよい。

その後、しばらく千尋の動向は史料にみることができない。美濃国に赴任して国守としての任務にあたっていたものと思われる。いつまで美濃守に在任していたかというと、『続日本紀』によれば天平勝宝五年四月に犬養の美濃守任官の記事がみえるから、この時に美濃守を得替解任されて遷任したことがわかる。しかし、どの官職に遷任したかはわからない。中央官に就いて京師にもどったか、また他国の国守に遷っていったか。

つぎに千尋が『続日本紀』にみえるのは、天平宝字元年（天平勝宝九歳・七五七）五月に一階昇って正五位下に叙されたことである。この叙位は、五位以上でも八〇人近くにおよぶものであって、翌六月の人事異動と密接な関係をもつものであった。例年は正月に行われることの多い叙位が五月に行われたのは、同日にあった養老律令の施行を祝う意味があったものと推考される。養老律令は完成してからも四〇年ほど実施されずに、これまでは大宝元年（文武五年・七〇一）に制定された大宝律令が使われてきたが、この時になってやっと養老律令が用いられることになったのである。その背景には、仲麻呂が養老律令成立に深く関与した祖父の不比等を顕彰する意図があったといわれている(8)。それだけではなく、律令制にもとづいた官僚による国家運営、つまり律令官僚制政治を志向していた仲麻呂にとって、養老律令という新令の施行は為政者として必要なことであったのである(9)。その証に、仲麻呂は条文解釈の治定のための説令所をつくり、明法博士山田白金らによる勉強会に自らが積極的に参加し、ある条文などは仲麻呂の法解釈が治定されたことがしられている(10)。

また、この叙位の四〇日後には、仲麻呂の暗殺と大炊皇太子の追放、孝謙女帝の廃位を目的とした橘奈良麻呂の変が起こる。叙位は、仲麻呂と対立していた奈良麻呂を中心とする大伴・佐伯・多治比氏らの政治勢力に対抗するための官人らへの懐柔的性格もあり、加えて自派官人に有利な叙位を行い、この叙位にもとづいて自派官人を軍衛などの要職に就ける人事を実施したうえで、反対派勢力に圧力をかけることを目的ともしていた。

このような事情のもとに行われた叙位で、千尋が正五位下に昇叙されたことは、千尋が娘婿として仲麻呂政権の中枢に加わることを期待されてのものであったことがわかる(11)。

そして正五位下に叙された千尋は、まもない天平宝字元年八月に、さらに正五位上に昇叙している。これは上述したように、奈良麻呂・大伴古麻呂らによるクーデターを事前に制圧したことに係わるものであって、『続日本紀』同元年八月庚辰(四日)条に、「此遍の政、明く浄く仕へ奉れるに依りて治め賜ふ人も在り。また愛の盛に一二人等に冠位上げ賜ひ治め賜はくと宣りたまふとのたまふ」とあるから、奈良麻呂の変の事件処理にあたって、明るく清く仕えた人びとに対して昇叙するというものであった。

この叙位対象者が、奈良麻呂の変で具体的にどのような働きをしたのかはわからないが、『続日本紀』の記事をみれば、奈良麻呂らの鎮圧に与力したことはたしかなことであろう。昇叙者は思いのほか少なく一四人であることや、大炊皇太子の兄の船王や、仲麻呂政権の重要公卿である飯麻呂をはじめ、ほとんどが仲麻呂派の官人らであることと、さらに前に昇叙して七〇日ほどしか経っていないのに再び昇叙に預かったことの事実を併考すると、この叙位は、仲麻呂派官人としての千尋にとって注視すべき出来事であると思われる。

この正五位上への昇叙から一年ほど経った天平宝字二年八月一日、孝謙女帝は皇太子大炊王に譲位し、皇太子は同日に大極殿で即位して淳仁天皇となった。仲麻呂にとっては、亡男真従の寡婦である粟田諸姉を妻とし、予ねてから擁立を期待していた義息同様の淳仁が新天皇となったことは、自己政権の確立が大きくすすんだことでもあった(12)。

淳仁は即位するとただちに、「仕へ奉る人等の中に自が仕へ奉る状に随ひて一二人等の冠位上げ賜ひ治め賜ふ」と、官人らに、仕えている状況にしたがって位階をあげるとの詔を発している。つまり淳仁にとって近しい者、つまり親仲麻呂政権派への叙位があった。五位以上への叙位者を原則記載する『続日本紀』の記事をみると、叙位に預かった者は四〇人余で、女王・女官一〇人余を除くと、諸王が四人、諸氏は三〇人ほどである。諸王は、淳仁の兄である船王・池田王と、のちに即位して光仁天皇となる白壁王などで、諸氏でもっとも位階の高いのは仲麻呂政権ナンバー2の年足で正三位に昇叙、のちに仲麻呂とともに近江国湖西で敗死する天武天皇孫の氷上塩焼(塩焼王)が従三位に、そして仲麻呂の実弟でやはり仲麻呂とともに敗死する藤原巨勢麻呂と、仲麻呂派でしられる佐伯毛人が従四位上に叙されている。従四位下に叙せられた千尋は、仲麻呂派官人の多くが昇叙した叙位で五番目の高い位階への叙位であった。この叙位では、千尋の義弟である仲麻呂の息子真先・久須麻呂兄弟も昇叙している。

四　御楯と藤原仲麻呂政権―改名と参議任官―

このような叙位で昇叙した千尋は、仲麻呂政権の中枢に位置するようになっていったのであるが、注視すべきは、この事実を記した『続日本紀』天平宝字二年八月庚子(一日)条に、千尋は「御楯」と表記、掲載されていることである。前にあげたように同元年八月庚辰(四日)条には「千尋」とあるから、「千尋」から「御楯」へと改名したのが、この一年の間ということになるが、そのことの詳細をしるヒントとなる史料が存在している。

それは淳仁即位時の天平宝字二年八月一日の叙位に関する「詔書草」[13]に、「従四位下藤原御楯、本名千尋」と、人名と本名の注記がみえていることである。よって、この時に千尋から御楯へと改名したことがわかるが、御楯(以下、御楯と表記する)だけではなく、三兄の八束も真楯に、仲麻呂の二男執弓(取弓)も真先に、三男浄弁も久須麻呂(訓儒麻呂）に同様に改名していることが「詔書草」にみえる。改名したのは御楯ら四人だけではない。奈良麻呂のクーデターをともに密告するなど親仲麻呂派でしられる堺麻呂も巨勢開麻呂に、上道斐太都も上道正道と改名している。この事情についてはかつて論述したことがあるので(14)、ここでは繰りかえさないが、仲麻呂が擁立した淳仁の即位にあたって、その藩屛者となることを彼らに期待したものと思われる。

　よって、千尋の御楯への改名には、舅である仲麻呂が婿である御楯へ、上述のような政治的役割を期待する事情があったのである。その点で、御楯は仲麻呂から実子である真先・久須麻呂と同様に用いられて、仲麻呂政権を支える中心となっていたことが理解できる。そして、この直後に御楯は、弁官局の大弁と侍従に任じられたようである。正倉院文書の続々修四六に「神祇大輔中臣毛人等百七人歴名」と仮称されるものがあり(15)、この文書に「（前略）大《マヽ》政官大弁藤原御楯兼、（中略）侍従藤原御楯（後略）」とみえている。この文書は一〇七人の官人名と職名を記したもので、日付は記されておらず不明であるが、野村忠夫氏は大間書的な性格の任官関係文書の写しあるいは聞書だとし、それは天平宝字二年八月四日のものだとしている(16)。侍従とは、まさに淳仁に常侍して身辺の世話をする職掌であるから、改名して藩屛となるのはあるいは当然であった。侍従は「養老職員令」中務省条には定員八人とあるが、少納言三人を含むというから五人であり、この時点では兵部卿開麻呂・兵部少輔藤原縄麻呂二人の在任が確認できる(17)。

　一方、「大政官大弁」とは左右大弁への任官を示すものであるが、左大弁か右大弁のいずれかわからない。だが、『続日本紀』天平宝字二年八月甲子（二十五日）条に「参議紫微大弼正四位下兼左大弁紀朝臣飯麻呂」とあるから、御楯は右大弁に任じられたものと推考される。右大弁の前任者は、『続日本紀』同元年七月乙卯（九日）条に飯麻呂が任命されたことがみえているから、飯麻呂が左大弁に昇任して、御楯がその後任に任じられたことが確認できる。右大弁は、兵部・刑部・大蔵・宮内四省を管掌して庶事を受け付け、宣旨・官符などの文案の稽失を勘えて署名して発布、各省間を調整するなど事務的な重要職であった。

仲麻呂は、武官を統轄する兵部卿閼麻呂・少輔縄麻呂と太政官事務組織を管掌する右大弁の御楯を侍従に任じて、淳仁側近として意思の疎通をはかるとともに、右大弁御楯をして施策を円滑に実行に移させようとしたのであろう。その政治的事実がはっきりとしたのが、天平宝字三年六月の従四位上への昇叙と、何より参議への補任である。この叙位の主旨については、『続日本紀』同三年六月庚戌(十六日)条に、

太皇太后の御命以て朕に語らひ宣りたまはく、「太政の始は、人の心未だ定まらず在りしかば、吾が子して皇太子と定めて先づ君の位に昇げ奉り畢へて、諸の意静まり了てなむ後に傍の上をば宣りたまはむとしてなも抑へて在りつる。然るに今は君と坐して御宇す事日月重なりぬ。是を以て先考を追ひて皇とし、親母を大夫人とし、兄弟姉妹を親王とせよ」と仰せ給ふ貴き御命を頂に受け給はり、歓び貴み懼ぢ恐りて、(中略)今より以後、舎人親王を追ひて皇とし、崇道尽敬皇帝と称し、当麻夫人を大夫人と称し、兄弟姉妹悉に親王と称せと宣りたまふ天皇が御命を衆聞きたまへと宣る。

朕一人のみや慶しき貴き御命受け賜はらむ。卿等庶も共に喜びむとしてなも、一二治め賜ふべき家々門々の人等に、冠位上げ賜ひ治め賜はくと宣りたまふ天皇が御命を、衆聞きたまへと宣る。(中略)大保をばただに卿とのみは念さず。朕が父と、また藤原伊良豆売をばははとなも念す。(中略)然るに此の家の子どもは朕がはらからに在る物をや親王たち治め賜ふ日に治め賜はず在らむとしてなも、汝たちに冠位上げ賜ひ治め賜ふ。

とみえる。

これは光明の進言によって、淳仁が父舎人親王に「崇道尽敬皇帝」という天皇号を追贈し、母の当麻山背を大夫人と称し、兄弟姉妹に親王号を贈ることにしたうえで、そのことをともに喜ぶべきだとして官人への昇叙を命じたもの

である。さらに仲麻呂と宇比良古夫婦を父母とも思っていることから、その子供たちにも兄弟同様であるとの理由で叙位を命じている。妻の児従も従四位下に四階昇叙している。児従も後宮で女官として、時に尚侍・尚蔵の職掌にあって実力をふるっていた宇比良古を助け、後宮から父の仲麻呂政権を支えていたのである。[18]

この光明の言動の背景には、舎人親王傍系皇統を出自とする淳仁の皇統上の劣性を克服し、皇権を確立させようとする政治的な意図があった。光明としては、「太政の始は、人の心未だ定まらず在りしかば、吾が子して皇太子と定めて先づ君の位に昇げ奉り」とあるように、天武天皇皇統の皇位継承を維持するため、独身の女帝で皇嗣をもたない娘の孝謙天皇の継承者として、淳仁を正統な天皇としてバックアップして、その皇権を早く確立させる必要に迫られていたのである。[19]

まさに御楯は、光明によって推戴された淳仁の皇権に依拠して成立した仲麻呂政権の、中心的役割を果たすことを期待され、また御楯本人もその期待に積極的に応えていたのであるが、それがさらに重要な議政の場においても果たすことが期待された。それが参議への補任であった。御楯の登用は、前年の天平宝字二年四月に参議・中務卿の阿倍佐美麻呂が没したのをうけての後任ということであったかもしれない。けれども、佐美麻呂の卒伝を載せる『続日本紀』同二年四月辛酉(二十日)条には、中務卿とのみみえて「参議」の記載がないから問題も残るが、没時まで参議にあったと理解するのが穏当だろう。ただ、御楯の補任が佐美麻呂没後一年以上経っていることからすると、必ずしも素直に佐美麻呂の後任とはいえなくなる。

御楯は参議までに叙爵より一一年、三六歳前後であったと思われる。兄の真楯は九年、清河は一〇年、魚名は二一年、楓麻呂は一五年を要している。六子であることを考えれば、早い昇進といえるが、やはりこれは仲麻呂の婿であったからであろう。

天平宝字三年六月時点での太政官構成は一〇人で、首班として大保(右大臣)仲麻呂、御史大夫(大納言)年足、中納言永手、そして参議の文室知努・隣麻呂・塩焼・清河・飯麻呂・真楯と御楯であるが、清河は入唐したまま帰国できずにいたから実質は九人であった。この構成をみると、天武皇孫の知努(長親王王子)・塩焼(新田部親王王子)の皇親、石川・巨勢・紀氏らの旧豪族で過半の五人を占めて、藤原氏は四人にすぎない。その藤原氏も御楯が仲麻呂の婿ではあるが、永手・真楯らとともに北家の出自で(清河も北家)、南家は仲麻呂一人である。仲麻呂は実弟で従三位の乙麻呂[20]や従四位上の巨勢麻呂[21]を登用してもよいものの積極的に登用していない。後述するが、のちに仲麻呂は権勢確保のために実子や実弟で太政官を独占して構成するようになるが、この時には年足・隣麻呂・飯麻呂など旧氏族や藤原氏内でものちに離反する永手や真楯などを擢用していることを思うと、まだ自己中心的な運営がなされていなかったのである。

天平宝字四年六月、仲麻呂政権を背後で支えていた光明が没した。この出来事は、仲麻呂政権崩壊のはじまりといってよい。天平六年正月に早くもない二九歳で叙爵した仲麻呂は、同十一年正月に従五位上に叙されてから一一年間に九階も昇って従二位大納言となり、そして天平宝字四年正月に従一位太師(太政大臣)となりえたのは、次男でありながらも仲麻呂に藤原氏の将来を託すという叔母光明の後援があったからである。

御楯は、光明の葬送に際して準備にあたる装束司を命じられている。『続日本紀』天平宝字四年六月乙丑(七日)条には、「三品船親王、従三位藤原朝臣永手・藤原朝臣弟貞、従四位上藤原朝臣御楯、従四位下安倍朝臣嶋麻呂・藤原恵美朝臣久須麻呂ら十二人を装束司とす。六位已下の官人十三人」とある。装束司は、四等官制であって、長官が三位、次官が五位、判官・主典が六位以下と定められていたから、船親王・永手・弟貞が装束司長官、御楯は嶋麻呂・久須麻呂らと次官であったということになる。

五　御楯と藤原仲麻呂政権―授刀督・按察使任官―

そして御楯は、天平宝字五年正月には『続日本紀』同五年正月壬寅(十六日)条に、

鎮国驍騎将軍従四位上藤原恵美朝臣真先を兼美濃飛騨信濃按察使、授刀督従四位上藤原朝臣御楯を兼伊賀近江若狭按察使とす。

とみえているように、仲麻呂息の真先が美濃飛騨信濃按察使に任じられたのとともに、伊賀近江若狭按察使の兼任を命じられている。けれども、まずそれよりも注目されることは、すでにこの時には授刀督に在任していたことである。いつ授刀督に補任されたのかであるが、それは授刀衛の創設当初の同三年十二月からであろう。[22] 右大弁は、同三年七月に犬養が任じられているから、右大弁を去任して間もなく授刀督に遷任したのである。『続日本紀』同三年十二月甲午(二日)条には、「授刀衛を置く。その官の員は、督一人は従四位上の官、佐一人は正五位上の官、大尉一人は従六位上の官、少尉一人は正七位上の官、大志二人は従七位下の官、少志二人は正八位下の官」とある。督の相当官位が従四位上であるのも、御楯の位階を考慮して定められたのであろう。

その淵源の授刀舎人寮は、元明女帝即位とともに首皇子(聖武天皇)を守護するために慶雲四年(七〇七)七月に創設され、その職掌は、「義解禄令」兵衛条の本注に「授刀舎人亦此に准ず」とあるから、内裏や大極殿諸門の警備など帯刀して禁中を宿衛し、行幸に際しては天皇を守衛することで、精強な軍衛であったことがわかる。その後、神亀五年七月に聖武と光明との間に誕生し、わずか一か月後に、立太子した基王を守護するために創置された中衛府に吸収・改編されたと考えられている。[23]

中衛府に改編されて消滅した授刀舎人寮ではあったが、天平十八年二月になって、行幸などに際して騎馬で近侍供奉する舎人であった騎舎人を改編した第二次の授刀舎人として復活した。(24) これは諸兄が政権の危機に直面してとった政策とする説もあるが、(25) そうではなく、仲麻呂の主導するものであった。(26) それは、この頃から奈良麻呂を中心とする大伴・佐伯氏ら旧氏族の不穏な蠢動、すなわち、皇嗣をめぐって皇太子阿倍内親王に対して黄文王らを擁立しようとクーデター計画をねっていたことに備えようとしたものであった。

この第二次授刀舎人は、天平勝宝八歳七月になって、仲麻呂の軍制政策によって人数を中衛舎人とともに四〇〇人と定められ、前述したように天平宝字三年十二月には管掌する授刀衛が創設され、考選賜禄名籍の管理が中衛府から移譲されて正式に官制化したのである。(27) この授刀衛の創設について、角田文衛氏は、仲麻呂が中衛府を地盤として権威を誇るのに対抗して孝謙太上天皇が充実をはかったとして、孝謙の意図によるものとしている。(28) しかし、これは後述のように、孝謙と仲麻呂との争乱時に授刀衛が孝謙の勝利にもっとも貢献したことを意識したものであって、創設時のこの時の政治を領導していたのは仲麻呂であり、御楯が督に任じられていることを考慮すれば、仲麻呂の意図によるものと理解するのが常套であろう。(29)

授刀督の相当官位従四位上は、中衛大将（改名され鎮国大尉）の正三位よりは低いが、衛門督（司門率）・左右衛士督（左右勇士率）の正五位上、左右兵衛督（左右虎賁率）の従五位上よりもかなり位階が高い。授刀衛の創設は、自らが大将として掌握する中衛府とともに、御楯を督に任じることによって、この二大衛府を掌握して政権の安定化と権勢の掌握を目的とした仲麻呂の政治的意図によるものであったから、野村氏がいうように「御楯が押勝（仲麻呂—引用者注）を支える腹心的支柱的存在であった」(30) ことがわかる。

そのことを明示する事実が、『続日本紀』天平宝字五年八月甲子（甲寅・二日ヵ）条に、高野天皇と帝と、薬師寺に幸して礼仏したまふ。（中略）授刀督従四位上藤原朝臣御楯が第に還幸して宴飲したまふ。御楯に正四位上を授く。その室従四位下藤原恵美朝臣児従に正四位下。

とあって、孝謙と淳仁が薬師寺での礼仏の還りに御楯の邸宅に立ち寄り宴飲し、御楯が正四位上に、妻の児従も正四位下に叙せられていることである。『公卿補任』同五年条の「或書に云はく」にも同様のことが記されている。

ただ、本注には七月六日とあって異なるが、これはたぶん前者の八月二日とするのが真実であろう。これについて問題なのは、『続日本紀』と『公卿補任』天平宝字五年条が、御楯の昇叙を従四位上から正四位上への二階昇叙とするのに対して、『公卿補任』同四年条には「八月正四位下」との本注があることである。そうすると、今回の正四位上への叙位は、従四位上からの二階昇叙ではなく正四位下からの一階昇叙であったことになる。どちらが真実かの判断はむずかしいが、児従が従四位下から正四位下への二階昇叙であったことを考えると、御楯も二階昇叙であった可能性が高い。

また御楯は、参議・授刀督に加えて、伊賀近江若狭按察使にも任じられていた。この按察使の管掌した六か国は、北陸・東山・東海三道の出発点の国を含むとともに、近江国[31]を中心に、南の伊賀国、東の美濃国、飛驒・信濃二国を挟んで北の若狭国と、畿内東接諸国一帯を網羅した地域で、仲麻呂には、伝統的基盤地である近江国と新勢力圏の越前国を結ぶ紐帯的地域を把握しようとする政治意図があり[32]、この二人が中央武力の中核的存在である中衛府（鎮国衛）と授刀衛の主要ポストを兼ねていることは注目されることである。御楯が授刀督だけではなく、加えて伊賀近江若狭按察使も兼帯している事実は、仲麻呂の親族として政権中枢にあったことを如実に示している。

そして、この伊賀近江若狭按察使への任命は、上掲のように近江国が仲麻呂の基盤国であったこともあるが、この頃に造営が進められていた近江保良京とも無関係ではない。保良京の造営は、仲麻呂の構想によって、天平宝字三年十一月に、造宮輔の中臣丸張弓と越前員外介の長野君足ら七人が派遣されたことにはじまる。保良宮の場所について瀧川政次郎氏は、大津市の北大路が北京極で、近津尾神社あたりが南京極ではないかとされるが[33]、いまもって明らかでない。同五年正月になって粟田奈勢麻呂・藤原田麻呂ら九人が諸司の史生以上の官人に宅地を班給しているから、その頃に新京の形状が整ってきていたらしく、同五年十月には有品者や正三位以上の者への邸宅造営の助成のための賜稲があった。そして十月十一日に「都を保良に遷す[34]」とみえて保良への遷都がなされて、十六日頃には淳仁らが平城京から移御したらしい。

この保良京への遷都は、平城宮の改作にともなうものであったとか、緊迫していた新羅関係を考慮したものとか、瀬田川の水上交通を配慮したものとか[35]、平城京にいるかぎり傍系皇統出身の劣性を克服できない淳仁を思慮したものであるとか諸説あるが、宮都を移転すれば皇統の劣性を克服できるというわけでない。一つの理由ではなく複合的な理由であろうが、仲麻呂は唐制にならう政策をすすめており、それは、則天武后が天授元年（持統四年・六九〇）十月に太原府を北都とし、その北都を玄宗が天宝元年（天平十四年・七四二）に北京に改称、陪都・副都としたことが念頭にあったために違いない。仲麻呂は基盤地である近江国に保良京を造営することによって、より権勢を誇示しようとしたのである。

また保良京造営と一体ですすめられていた石山寺の増築への関与もしられる。そのことは、保良遷都の翌天平宝字六年四月八日・五月一日付の「近江国符[36]」からわかる。それは、近江国司が坂田・愛智両郡司に対して、造東大寺司の牒・移をうけて造石山寺所への食料として租米を充当すべきことを命じたもので、近江国司の史生である山口真嶋や少目の多比新家祖足とともに、按察使の「記事[37]」として忍坂麻呂が署名を加えている。

このような保良京造営や石山寺の増改築は、近江守を長く兼任する仲麻呂が推進したものであるが、これを補佐し

【叙爵時から参議昇任・従三位叙位までの年数比較表】

氏　名	叙爵時	参議まで	従三位まで
藤原御楯	749年	11年	13年
藤原永手	737年	—	18年
藤原真楯	740年	9年	21年
藤原清河	740年	10年	25年
藤原魚名	748年	21年	19年
藤原楓麻呂	758年	15年	17年

たというより代行したのが伊賀近江若狭按察使の御楯であった。とくに保良京造営などは近江一国のことで済むわけではなく、労働力や物資なども隣国から調達する必要があったと推考される。このような時には各国司を越えて伊賀・若狭国をも管掌する按察使としての御楯の働きが求められたものと思う。

その論拠となるのが、①淳仁が保良宮に遷御した直後の十月十九日に「近江按察使御楯が第に幸したまふ。転りて太師が第に幸して、宴飲したまふ。従へる官に物を賜ふこと差有り[38]」とあるように、淳仁が新京である保良京の仲麻呂邸宅より先に御楯の邸宅に行幸して、保良京造営の労苦をねぎらっていることや、②さらに保良京造営の功績によって造宮使田麻呂はじめ巨曾倍難波麻呂・張弓らが従五位下から従五位上に昇叙されたのとともに、御楯も正四位上から従三位に叙せられていることである。

ついに御楯は極官となる従三位に叙せられたのである。叙爵から一三年である。この年数を兄弟と比較してみると、楓麻呂が一七年、永手が一八年、魚名が一九年、真楯が二一年、清河が二五年で、遣唐大使として入唐したものの帰国できずに彼の国で没した清河は別として、だいたい一七年から二一年ほどの年数がかかっている。

上記の「叙爵時から参議昇任・従三位叙位までの年数比較表」を一覧すればわかるように、天平宝字三年六月の参議昇任の際には、魚名を除いて真楯・清河らに比べても遅いものであったが、叙爵から同五年十月の従三位叙位まで要した年数は一三年であり、嫡子の永手や真楯・魚名など兄たちよりも随分と早いことがわかる。これは同五年八月の薬師寺からの還幸時の邸宅でのものと、同五年十月の保良京造営による臨時のものと、あわせて三階の昇叙によるものである。同五年になって御楯は一段と仲麻呂政権内での存在に大きさと重みが加わったようである。

このことは仲麻呂が、権勢のよりどころとしていた光明が天平宝字四年六月に没したことによって、これからの政権維持に不安を覚えていたからであろう。また実弟の乙麻呂も時を同じくして没したのも影響していたかもしれない。この事態をうけて仲麻呂は、同六年正月には二子真先を、同六年十二月には三子訓儒麻呂・四子朝狩と猶子の藤原弟貞を、参議に相つづけて登用するなどして政権の強化をはかっている。しかし同三年から同五年にかけては、まだ真先や訓儒麻呂・朝狩は三三歳から三〇歳で、ただちに参議として議政官に加えることにはなお仲麻呂としても憚られた。まずは藤原北家の出身であって、仲麻呂とは一線を画すようになっていた中納言永手や、参議真楯の実弟で理解のえられやすい娘婿の御楯を重用することにしたのであり、その仲麻呂の政治的意図が上述の御楯の急速な昇進につながったのである。

そのような政治動向のなかで、御楯にも重要な政治的役割が期待されていたに違いない。しかし、肝心なこの時期の御楯の具体的な動向はわからない。

そして、御楯は天平宝字八年六月に冒頭にあげた薨伝にみえるように没した。授刀督である御楯の没去は仲麻呂政権の趨勢を大きく左右した。この後任に誰が任じられたかははっきりしない。授刀佐には、陸奥国按察使兼鎮守将軍や東海道節度使となった朝狩のもとで下僚として陸奥介兼鎮守副将軍や東海道節度副使を務めた仲麻呂派の百済足人が任じられていたが、すでに道鏡の実弟弓削浄人が授刀少志としており、御楯の没去をきっかけとして授刀衛は仲麻呂の勢力下から脱して孝謙の支配するところとなった。仲麻呂と孝謙の権力闘争の勝敗を決定づけた淳仁のもとにあった御璽・駅鈴の争奪戦においても、訓儒麻呂を射殺して御璽などを奪取したのは授刀少尉の坂上苅田麻呂と授刀将曹牡鹿嶋足で、これを奪還しようとした中衛将監矢田部老をまた射殺したのも授刀舎人の紀船守であった。また、敗走した仲麻呂が、越前守であった息子の辛加知を頼って越前入国をはかった時に愛発関でこれを防いだのは、授刀舎人の物部広成であった。このように授刀衛は、仲麻呂との戦闘で孝謙側の中心的軍事力として勝利に貢献している。

このような事情を考えると、仲麻呂と彼の政権にとって御楯の没死は大きく影響したというより、その崩壊を決定づけたといっても過言ではない。その意味からすると、仲麻呂の結末は婿御楯の没したときにすでに決まっていたのかもしれない。それくらい御楯の存在はこの時期の政治的動向を左右したものとして注視しなければならない。

おわりに

御楯が没してから四年後の神護景雲二年（七六八）五月になって、越前国にあって没官地となっていた御楯の土地一〇〇町が、仲麻呂の旧領二〇〇町とともに西隆寺に施入されている。西隆寺は前年四月頃から造営がはじまっていたから、その経費や経済基盤とするためであったのであろう。仲麻呂が基盤国である近江国に加えて、新興国越前国をも勢力圏としようとしていたことを思うと、そこに仲麻呂とともに御楯の旧領があったことは当然であろう。御楯は従三位であったから「養老田令」位田条によると、位田三四町を班給されていたはずである。ただ領田は一〇〇町であるから、これ以外にも越前国や他国に土地を領有していたのであろう。仲麻呂は、越前守に天平宝字三年十一月には七子薩雄を、これについで同八年正月には八子辛加知を任じるなどして、越前国に進出して開発した土地を多く領有して勢力地としようとしていたのであり(39)、御楯も仲麻呂同様に領田経営を行っていたのである。

上述してきたように、御楯は藤原北家の出自ではあるが、政治的には永手・魚名ら兄たちとは距離をおいて娘婿として舅仲麻呂の政権を家族の一員として支える存在であったが、越前国での動向も仲麻呂一族としてのものであったといえよう。

註

（1） 中西康裕氏は、『続日本紀』掲載の一五〇ほどの薨卒伝の内容を、①係累、②性格、③官歴、④事績、⑤年齢、⑥監喪使、⑦弔使、⑧贈位官、⑨賻物、⑩その他の一〇項目に分類している（「『続日本紀』の薨卒記事について」、『関西学院史学』二五号掲載、一九九八年三月、のち『続日本紀と奈良朝の政変』所収、吉川弘文館、二〇〇二年七月）。もっとも詳細で多い項目をもつ薨伝は八項目の藤原百川の薨伝で、つづいて多いのは藤原真楯の七項目である。御楯薨伝は、①係累と③官歴のみで、もっとも簡潔な薨伝に属する。

（2） 『続日本紀』延暦二年七月庚子条に、同日に六三歳で没したとみえる。

（3） 野村忠夫「八世紀中葉の藤原北家―永手・真楯（八束）・御楯（千尋）―」（『史聚』一二号掲載、一九八〇年七月、のち『奈良朝の政治と藤原氏』所収、吉川弘文館、一九九五年一月）。

（4） 角田文衛「板野命婦」（『平安人物志』上巻所収、法蔵館、一九八四年五月）。

（5） 木本好信「藤原楓麻呂について」（『甲子園短期大学紀要』三四号掲載、二〇一六年三月）。本章第二節。

（6） 木本好信「紀飯麻呂と橘諸兄政権・藤原仲麻呂政権」、「石川年足と藤原仲麻呂政権」（ともに『奈良時代の藤原氏と諸氏族』所収、おうふう、二〇〇四年一二月）。

（7） 木本好信『藤原北家・京家官人の考察』（岩田書院、二〇一五年八月）。

（8） 坂本太郎「養老律令の施行に就いて」（『史学雑誌』四七巻八号掲載、一九三六年八月、のち『日本古代史の基礎的研究』下巻所収、東京大学出版会、一九六四年一〇月）。

(9)　木本好信「藤原仲麻呂小論」(『藤原仲麻呂政権とその時代』所収、岩田書院、二〇一三年三月)。
(10)　早川庄八『日本古代の文書と典籍』(吉川弘文館、一九九七年五月)五三六頁。
(11)　野村忠夫「仲麻呂政権の一考察」(岐阜大学学芸学部研究報告『人文科学』六号掲載、一九五三年三月)。
(12)　『続日本紀』天平宝字二年八月庚子条。
(13)　『大日本古文書』編年文書四巻二八四頁。
(14)　木本好信「藤原真楯薨伝について」(『奈良時代の政争と皇位継承』所収、吉川弘文館、二〇一二年三月)。
(15)　『大日本古文書』編年文書一五巻一三〇～一三二頁。
(16)　野村忠夫「所謂『上階官人歴名』断簡補考―「神祇大輔中臣毛人等百七人歴名」について―」(『続日本紀研究』三巻七号掲載、一九五六年七月)。
(17)　『続日本紀』天平宝字元年六月癸巳条、天平宝字二年八月甲子条。
(18)　遠藤慶太「尚侍からみた藤原仲麻呂政権」(『藤原仲麻呂政権とその時代』所収、岩田書院、二〇一三年三月)。
(19)　木本好信『藤原仲麻呂』(ミネルヴァ書房、二〇一一年七月)一〇九～一一二頁。
(20)　『日本後紀』弘仁二年四月丙戌条の藤原雄友薨伝に「雄友は、参議兵部卿従三位乙麻呂の孫」とあるが、乙麻呂がいつ参議に昇任したかはわからない。
(21)　前出の天平宝字二年八月一日付「詔書草」(『大日本古文書』編年文書四巻二八五頁)には、「参議文屋真人智奴　藤原巨勢万呂」とみえている。智奴の帯任職である「参議」が巨勢万呂まで係るとして、この時点で巨勢麻呂が参議に在任していたとする理解もある。
(22)　註(11)野村前掲論文。

(23)　笹山晴生「中衛府の研究」(『古代学』六巻三号掲載、一九五七年一〇月、のち『日本古代衛府制度の研究』所収、東京大学出版会、一九八五年四月)。
(24)　註(23)笹山前掲論文。直木孝次郎「古代天皇の私的兵力について」(『史林』四五巻三号掲載、一九六二年五月、のち『飛鳥奈良時代の研究』所収、塙書房、一九七五年九月)。木本好信「授刀舎人再置に関する一考察」(『続日本紀研究』一九〇号掲載、一九七七年四月、のち『藤原仲麻呂政権の基礎的考察』所収、高科書店、一九九三年六月)。
(25)　註(23)笹山前掲論文。
(26)　註(24)木本前掲論文。木本好信「授刀衛の創設について」(『政治経済史学』一二〇号掲載、一九七六年五月)。
(27)　註(26)木本前掲論文。
(28)　角田文衛「軍団と衛府」(『律令国家の展開』所収、法蔵館、一九八五年三月)。
(29)　註(26)木本前掲論文。
(30)　註(11)野村前掲論文。
(31)　木本好信「藤原仲麻呂と近江国—藤原氏と基盤国の粗描—」(『史聚』四七号掲載、二〇一四年三月)。
(32)　註(11)野村前掲論文。
(33)　瀧川政次郎「保良京考」(『史学雑誌』六四巻四号掲載、一九五五年四月、のち『京制並に都城制の研究』所収、角川書店、一九六七年六月)。
(34)　『続日本紀』天平宝字五年十月壬戌条。
(35)　梶原千恵「保良宮と藤原仲麻呂政権」(『福岡大学大学院論集』三〇巻二号掲載、一九九九年二月)。
(36)　『大日本古文書』編年文書一五巻一八八・一九七〜一九八頁。

(37)『続日本紀』養老四年三月己巳条に、「按察使の典を改めて記事と号く」と、「記事」が按察使の典の改名されたものであることがわかる。
(38)『続日本紀』天平宝字五年十月庚午条。
(39)岸俊男「越前国東大寺領庄園をめぐる政治的動向」(『古代学』一巻四号掲載、一九五二年一〇月、のち『日本古代政治史研究』所収、塙書房、一九六六年五月)。

第二節　藤原楓麻呂

はじめに

著者は先に『藤原北家・京家官人の考察』（岩田書院、二〇一五年八月）を公刊したが、それは奈良時代の藤原京家とともに、藤原房前を始祖とする藤原北家と称せられた家系を出自とする官人たち、すなわち房前、その息子たちで二子の永手・三子真楯（八束）・五子魚名の政治的動向に焦点をあわせつつ、その生涯を考察することによって奈良時代政治史を解明しようとすることを目的としたものであった(1)。

その後、北家兄弟の残る六子の御楯（千尋）と七子の楓麻呂についても同様の目的によって、その政治動向を明らかにする必要を思い、そこで本小論では以下に七子楓麻呂について論及してみようと思う。六子御楯については別途発表している(2)。

一　楓麻呂の出生と出身

『続日本紀』宝亀七年（七七六）六月己巳（十三日）条の楓麻呂薨伝には、没去の記事として、参議従三位大蔵卿兼摂津大夫藤原朝臣楓麻呂薨しぬ。平城朝の贈太政大臣房前の第七の子なり。

とみえて、楓麻呂が房前の七子であり、同七年六月に没したことがわかる。けれども兄の永手・真楯・魚名の薨伝に比べるとあまりにも簡潔であり、また享年が記されていない。[3]

よって楓麻呂の生年は詳細ではないが、角田文衛氏は、五兄の魚名が天平二十年（七四八）二月に二八歳で従五位下になっていることを例にとって、魚名より卑母である楓麻呂は三〇歳で従五位下に昇った（叙爵）と仮定して、それが天平宝字二年（七五八）八月であることをもって天平元年（神亀六年・七二九）の生まれとしている。[4] 高島正人氏もこれによって、やはり同元年頃としているし、[5] 長島一浩氏もこれを首肯している。[6] つづいて野村忠夫氏は、これより早く養老七年（七二三）のこととしているが、[7] これは五兄の魚名が同五年生まれ[8]のことを勘案してのものと思われる。しかし、著者には角田・野村両氏のいわれることに納得できないところもある。この点について少し考えてみる。

楓麻呂の史料での初出である『続日本紀』天平宝字二年正月戊寅（五日）条には、この時に楓麻呂は「正六位上」の位階にあったとみえているが、蔭叙に預かって出身したのはいつのことだろうか。蔭叙時から生年を推測してみる。

楓麻呂の父房前は、『続日本紀』天平九年十月丁未（七日）条に「民部卿正三位藤原朝臣房前に正一位左大臣を贈り」とあるから、楓麻呂の蔭階は「養老選叙令」五位以上子条の規定によって、本来は「一位の庶子」の正六位上の位階であるが、父の位階が没後の贈位であることからして、「養老選叙令」贈官条の「凡そ贈官は、王事に死なば、生官と同じ。余は一等を降せ」との条文から一等を降した正六位下であったはずである。つまり、楓麻呂は「養老選叙令」授位条の規定によって二一歳の時に正六位下の位階を蔭叙されて出身したものと考えられる。

そして、前述のとおり天平宝字二年正月には蔭階より一階昇って正六位上の位階にあったわけである。つまり正六位下から正六位上に昇って、さらに従五位下に至るまでに何年経っていたのかである。同じ条件で兄たちをみてゆくと、永手が三年、真楯が五年、清河が三〜四年、魚名が七年、個人差はあるがだいたい三年から七年ということになる。角田氏が例にとった魚名の二八歳というのは五兄弟中でもっとも遅い。たとえ卑母出であったとしても、楓麻呂がもっとも遅い魚名よりさらに二年も遅い三〇歳まで遅れたとは思えない。遅くとも魚名と同じ二八歳までには叙爵していたものと思われる。

魚名と同じ二八歳とすると、楓麻呂が生まれたのは、角田氏のいわれた天平元年より二年ほど降った同三年前後ではないかと推量される。けれども、楓麻呂の叙爵前年の天平宝字元年三月には、孝謙女帝の住屋の承塵の帳の裏に「天下太平」の文字が現れる貴瑞が出現し、さらに同元年四月四日に大炊王が立太子する慶事があって、同日には「内外の諸司の主典已上、(中略)位一級を加ふ」[9]と主典以上の職にある官人らに一階の昇叙が行われている。楓麻呂はこの臨時叙位で正六位下から正六位上に昇叙した可能性が高い。とすれば、叙爵までの期間が短縮されたとも考えられ、さらに降って天平五年前後生まれという可能性も否定できない。

この推考が順当であるのか、他事から追究してみる。『尊卑分脈』摂家相続孫によると、楓麻呂は藤原良継の娘との間に園人という長子をもうけていることがわかる。園人は、『日本後紀』弘仁九年(八一八)十二月戊辰(十九日)条には、「右大臣従二位兼行皇太弟傅藤原朝臣園人薨しぬ。(中略)詔して左大臣正一位を贈る。年六十三」とみえており、その生年は天平勝宝八歳(七五六)であることがたしかである。奈良時代以前の貴族階級の男子が初出子をもうける平均的年齢について検証した直木孝次郎氏は、二〇歳〜二二歳頃であると論証されている[10]。この直木説を援用して、長子園人が生まれた天平勝宝八歳の時に楓麻呂が二二歳であったと仮定すると、楓麻呂の生まれは天平七年となって、先の同五年との推測結果とも近くなって有力な傍証となる。そうなると、五兄魚名と七子の楓麻呂の年齢差が同三年としても一〇歳差となる。六兄御楯を挟んでいるとはいえ少し間隔があるようにも思われる。いずれにしても、野村説の養老七年までは遡らない可能性が高い。

さて楓麻呂の母についてであるが、『尊卑分脈』摂家相続孫には「母は阿波采女」とあり、『公卿補任』宝亀三年条にも「母は阿波采女、外従五位下粟直」とみえている。このことについて、前掲の角田氏は興味ある見解を示している。角田氏は天平勝宝四年四月の「写経所請経文」に、七日のこととして「板野采女国造粟直若子」の宣によって造東大寺司写経所が松本宮から華厳経一部八〇巻を借りうけたことがみえ、[11]末尾に八月一日付で「専収納板野命婦」と記されて、返却に際してこれを収納したのが板野命婦であったことから類推して、板野采女＝（阿波）国造粟直若子＝板野命婦は同一人物であったとする。[12]

「板野采女」は、阿波国板野郡から貢上された郡領（大化前代は国造）出身の采女のことで、板野郡の郡領は『続日本紀』神護景雲元年（天平神護三年・七六七）三月乙丑（十六日）条に、「阿波国板野・名方・阿波等の三郡の（中略）評督凡直麿ら、朝庭に披陳して、改めて粟凡直の姓と為すこと已に畢りぬ」とみえるから、「粟（凡）直」であることがたしかめられる。よって、楓麻呂の母である粟直若子は阿波国板野郡の郡領の娘であって、一三歳以上で形容端正な女性と「養老後宮職員令」氏女采女条に規定される采女として平城の都で出仕していて、時に「正三位参議中務卿」として政権の中枢にあった房前の目にとまり楓麻呂を生んだのであろう。房前は五〇歳前後、若子は二〇歳を過ぎた頃であったろう。しかし、房前は天平九年四月に五七歳で没するから、楓麻呂は幼少期に父を喪ったことになる。母も前掲の「写経所請経文」に天平勝宝四年八月三日に出家したことがみえているから、楓麻呂は父母との縁が薄かったようにも感じられる。

ところで天平勝宝四年というと、楓麻呂は先に考察したように天平三年生まれだと二二歳である。母の出家理由は何かわからないが、長島氏は光明皇太后の有能な側近であったと推察している。[13]角田氏が（若子は楓麻呂が）「蔭によって正六位上を授けられた直後に入道し、宿願を果たしたものと推測される」[14]というように、一人息子である楓麻呂が一人前になって出身したことをうけてのことであったかもしれない。そうすると、やはり楓麻呂の生年は天平元年よりも少し降った同二年〜三年頃であったことの蓋然性が高くなる。

父と死別した楓麻呂は、幼少期をどのようにすごしたのであろうか。すでに長兄の鳥養は亡くなっていたから、二兄の永手のもとにいたかもしれないが、母の若子の出家が楓麻呂出身の契機となっているとすれば、母とすごす時間が長かったかもしれない。

二　藤原仲麻呂政権下の楓麻呂—楓麻呂と問民苦使—

天平宝字二年正月、楓麻呂は西海道問民苦使に任じられた。『続日本紀』同二年正月戊寅（五日）条には、

使を八道に別ち、民苦を巡り問はしめ、務めて貧病を恤みて、飢寒を矜み救はしむ。（中略）従五位下石川朝臣豊成を京畿内使とす。録事一人。正六位下藤原朝臣浄弁を東海東山道使。判官一人。録事二人。正六位上紀朝臣広純を北陸道使。正六位上大伴宿禰潔足を山陰道使。正六位上藤原朝臣倉下麻呂を山陽道使。従六位下阿倍朝臣広人を南海道使。正六位上藤原朝臣楓麻呂を西海道使。道別に録事一人。

とある。

この問民苦使の派遣は、地方政情の不安定さに配慮した施策であるが[15]、この施策は、藤原仲麻呂が、前年の天平宝字元年七月に起こった橘奈良麻呂と大伴古麻呂らを中心とする自分の暗殺と、擁立する大炊皇太子の追放、光明の拘束、孝謙天皇の廃位などを目的としたクーデターを直前に防ぎ、これを契機に反対派勢力を壊滅したことによっての

【問民苦使選任官人と関係者表】

道　別	問民苦使	関係	関　係　者
東海東山	藤原浄弁	父子	南家・藤原仲麻呂
西海	藤原楓麻呂	〃	北家・藤原房前
山陽	藤原倉下麻呂	〃	式家・藤原宇合
畿内	石川豊成	兄弟	中納言・石川年足
山陰	大伴潔足	父子	参議・大伴兄麻呂
北陸	紀　広純	従兄弟	参議・紀　飯麻呂
南海	阿倍広人	父子？	参議・阿倍沙弥麻呂

政治の主導権確立をうけて、国民の歓心をかうことを意識してとられたものでもあった。前掲の『続日本紀』本文の前文に「二儀愆つこと無く、四時和協して、休気、率土に布き、仁寿、群生に致せり。今は三陽既に建ちて、万物初めて萌せり。和景惟れ新にして、人、慶を納るべし」とあることをみればよくわかる。

問民苦使は、国民の辛苦を巡問して政策に反映させようとした仲麻呂の唐風の徳治政策の一環であり、その淵源は唐制の採訪処置使とか観風俗使にあるとの指摘がある。[16][17]ただ採訪処置使が、巡察使・按察使・観察使・黜陟使などの諸使とともに地方官の行状報告と黜陟を任務としたのに対して、観風俗使は『唐会要』巻七七諸使上に「疾苦を延問し、風俗の得失を観て、政刑の苛弊を察す」[18]とあるように、その対象が地方官の実態ではなく、あくまでも国民の生活事情であったこと、採訪処置使は開元二十三年(七三五)・二十五年・二十七年と三年ごとに派遣されているのに対して、観風俗使は問民苦使と同じように太宗の貞観八年(六三四)正月の一回だけの派遣であることを併考すると、仲麻呂は観風俗使を中心にならって問民苦使を派遣したものであろう。[19]

仲麻呂の問民苦使派遣の目的は、先のように政治の主導権確立をうけて、国民の歓心をもかうことを意識した地方政治の改革であったが、その選任官人をみると、そこに隠された意図をみてとることができる。

関係項目をわかりやすく一覧表にしたのが、「問民苦使選任官人と関係者表」であるが、この問民苦使に選任された官人を一瞥すると、まず気づくのは、五位・六位官人が浜成しかいない京家出自官人を除いて、[20]藤原氏の南・北・式三家から一人ずつ選任されていること、そして他氏族では、仲麻呂の側近で政権の中心官人の子弟など親族の者が登用されていることである。ことに注視すべきことは、藤原氏以外の関係者である石川年足・大伴兄麻呂・紀飯麻呂・阿倍沙弥麻呂（佐美麻呂）の四人が紫微大弼を歴任していることである。仲麻呂本人が長官の紫微令に任じる基盤官司である紫微中台は太政官にも匹敵する政治組織で、時期が違うが四人ともに次官である大弼に任ぜられていたことは、この四人が仲麻呂の側近中の側近といってもよい者たちであることがわかる。

　このことで仲麻呂が問民苦使選任にあたって、側近の親族であり、正六位上など内位への叙爵を目前にした次代を期待される官人を採用することを意図としていたことは明白である。

【藤原仲麻呂政権時の太政官構成表】

〈◎問民苦使関係側近、○仲麻呂派、△中間派、×反仲麻呂派〉

官　職	公卿官人名	年齢	薨年	比較
紫微内相	藤原仲麻呂	53歳	764	0
中納言	×藤原永手	45歳	771	＋7
〃	◎石川年足	71歳	762	－2
参　議	◎大伴兄麻呂	?	758 ?	－6
〃	△文室智努	66歳	770	＋6
〃	○巨勢堺麻呂	?	761	－3
〃	○藤原八束	44歳	766	＋2
〃	藤原清河	?	—	—
〃	◎阿倍沙弥麻呂	?	758	－6
〃	◎紀　飯麻呂	?	762	－2

　では、仲麻呂は何を目的に問民苦使選任にあたって藤原三家と側近官人の親族から人選したのであろうか。そこで思いあたるのが、仲麻呂政権を構成する公卿官人、とくに側近が老齢化しているという事実である。

　上表をみてわかるように、仲麻呂側近で、かつ問民苦使関係者の年足・兄麻呂・沙弥麻呂・飯麻呂らは、仲麻呂より年長者もいていずれも結果的に先に没しており（仲麻呂没前はマイナス年数）、仲麻呂政権の将来にとっては深刻な事態であった。この年の四月には沙弥麻呂が没し、兄麻呂もこの年以降みえなくなる。この欠員を補充するために仲麻呂は、天平宝字三年六月に娘婿の藤原御楯（千尋）を、同四年八月には沙弥麻呂の後任として同族の阿倍嶋麻呂を参議に登用している。このような政権の老齢化を克服して、将来を見据えて世代交代をすすめてゆくことが仲麻呂にとって早急の課題であった。

これらの現状をふまえて、側近の親族で次代を担うべき信頼できる新進官人を早く育成することが、仲麻呂にとって必要であったのである。問民苦使選任にはこのような政治的意図があったことを指摘しておきたい。よって、楓麻呂が問民苦使に選任されたことは、この時に仲麻呂が期待をよせる官人の一人であったといえると思う。

楓麻呂が西海道諸国の民苦を巡問して帰京したのは、天平宝字二年八月中のことであろう。『続日本紀』同二年九月壬申(三日)条に、

西海道問民苦使従五位下藤原朝臣楓麻呂ら、民の疾苦廿九件を採訪す。大宰府に勅して事に随ひて処分せしむ。

と、楓麻呂が九州諸国で採訪した民苦二九件を奏上したことがみえている。その具体的な内容はわからないが、裁可を経てその処理が大宰府に命じられている。

そして、天平宝字二年八月には孝謙天皇が譲位、皇太子大炊王が即位して淳仁天皇となり、「辞別きて宣りたまはく、仕へ奉る人等の中に自が仕へ奉る状に随ひて一人二人等の冠位上げ賜ひ治め賜ふ」[21]と、仕える実状を評価した昇叙が宣言されているが、この叙位で楓麻呂は正六位上から従五位下に昇り叙爵している。

この叙位で昇叙に預かったのは、淳仁の兄である船王・池田王をはじめ、仲麻呂の実弟の巨勢麻呂、娘婿御楯、息子の真先・久須麻呂をはじめ、年足・氷上塩焼・佐伯毛人・阿倍子嶋・紀伊保などのとくに淳仁・仲麻呂に近い者たちが多い。よって、楓麻呂もこの時には親仲麻呂派とみられていたといえそうである。

楓麻呂が天平宝字二年八月頃に問民苦使の任務を果たして解任されたあとに、何の職に任命されていたのかはわからない。しかし、そのことを推考させる文書が正倉院に残っている。続々修四六に収める「神祇大輔中臣毛人等百七人歴名」と通称されるもので、日付がなく、いつのものかわからないが、一〇七人の官人名と官職名が記された文書である。そこには「丹後守藤原楓万呂」とみえている。「楓万呂」とはもちろん楓麻呂のことであり、この文書が記

された時に楓麻呂は丹後守に任じられていたことが指摘される。

この文書がいつのものかであるが、『大日本古文書』編纂者は、「コノ文書、年月日ヲ注セズト雖モ、続日本紀、公卿補任等ニ拠リテ、今姑クコノ年に収ム」と記して、天平宝字五年の末尾に収載している。(22)その後、田中卓氏は天平宝字二年八月四日から同月二十五日までのものとし、(23)さらに野村氏はこれを専論して同二年八月四日その日だと推定し、大間書的な性格の任官関係文書の写しあるいは聞書であろうとする仮説をたてている。(24)

そこで『続日本紀』同日(癸卯)条をみると、笠真足の伊勢介と大伴犬養の右衛士督補任の二人の記事しかみえないが、二人のことは該文書に「伊勢介笠真足」「右衛士府督大伴犬甘」とみえていて、同二年八月四日にこの二人を含めて一〇七人の補任が行われたことが確認される。

これによって楓麻呂は九州での問民苦使の任務を終えた後、天平宝字二年八月一日に従五位下に昇り、同二年八月四日に丹後守に補任されたことがわかる。丹後守の前任者はわからないが、丹後国は中国で相当官位は「養老官位令」正六位条では正六位下とあるから「行官」だが、丹後守歴任者である柿本市守や佐伯大成・藤原武良自なども従五位下であるからまず順当な人事といってよい。

天平宝字三年十一月になって楓麻呂は文部少輔に任じられた。この時の文部省(式部省)の卿については、同三年六月に年足が「正三位中納言兼文部卿神祇伯勲十二等」(25)とあり、没した同六年九月にも『続日本紀』薨伝には「御史大夫正三位兼文部卿神祇伯勲十二等」(26)とあるから、この間はずっと年足が文部卿であった。大輔は詳細ではないが、少輔の前任者は仁部大輔に遷任した阿倍毛人であったが、その毛人の前任者は(仲麻呂二男の)訓儒麻呂であったことからもわかるように、人事権を掌握する文部省は仲麻呂の側近官人が歴任している。

この時の異動は二四人だが、五位以上では仲麻呂の実弟乙麻呂、息子薩雄、側近の塩焼・毛人・子嶋・飯麻呂・上道正道らが重要職に任じられているから、この補任も仲麻呂の意図をうけてのものであったことがたしかであることを考慮すれば、なかでも中枢官司である文部省の次官を命じられた楓麻呂は、政権首班の仲麻呂との政治的関係は良好であったと推考される。

三　藤原仲麻呂政権下の楓麻呂―楓麻呂と巡察使―

そして年が明けた天平宝字四年正月、楓麻呂は文部少輔帯任のまま、東海道巡察使を命じられた。この巡察使派遣は、時期的なことからして、問民苦使による地方政治の実状報告にもとづいて採られた施策と考量される同二年十月の国司任期を延長した政策に係わるものである。『続日本紀』同二年十月甲子(二十五日)条には、国司が頻りに遷任すると庶民が安堵できないことから、任期を四年から六年に延長するが、そのために起こる弊害を防ぐために「その三年に至る毎に巡察使を遣して政迹を推検し民の憂を慰問せしむべし」とある。楓麻呂が巡察使を命じられたのは、二年前に任じられた問民苦使の実績を勘案したもので、その成果を再び期待したものであった。

この時の巡察使を一覧にしたのが左表である。東山道使の石川公成は出自が不詳だが、名前の類似から石川豊成の実弟と思われる。また西海道使の紀牛養はたぶん飯麻呂の縁者であろう。仲麻呂が敗死する内乱後に官位を剝奪されており、やっと宝亀二年十月になって本位に復位されていることを推測すれば、この巡察使の任命にも仲麻呂は問民苦使と同様の選任意図をもっていたことが理解できる。ただ、布勢人主や馬夷麻呂、そして詳しくは後述するが、この巡察使としての成果が明確である石上奥継などの存在を併考すると、必ずしも問民苦使のように単に親属・側近官人の縁者を理由として任じているわけではなく、その任務遂行という実利を考慮した選任でもあったことがしられる。

この時に山陰道使に任じられた淡海三船は、楓麻呂の畏友であった。[27]

それでは巡察使の任務がどういうものであったのかというと、これは「養老職員令」太政官条に「巡察使、（中略）諸国を巡り察むこと。常にしも置かず。（中略）巡察の事条、（中略）臨時に量り定めよ」とあるように、その時々に定められていた。これらのことについては先行論文に詳しい。[28]本来は朝集使の進上する考文による地方官の考課黜陟の不備などを補うことを使命として、これに関連して水旱凶荒の実状や民政のことにも関係をもっていた。[29]

この度の巡察使は『続日本紀』天平宝字四年正月癸未（二十一日）条の巡察使補任記事につづいて、「民俗を観察て、便即ち田を校へしむ」とあるように、「民俗観察」と「校田」の二事が目的であったことがわかる。たしかに同四年五月には、上野国が飢え、伊勢・近江国など西日本の一五か国が疫病によって賑給を加えられるなど、疾疫・飢餓に庶民が苦しんでいることをうけて、派遣中の巡察使に「患苦を親ら問ひて、賑給せよ」[30]と勅していることをみれば「民俗観察」が重視されたようにも思える。

けれどもこれは、その以前の『続日本紀』天平宝字三年十二月丙申（四日）条に、「武蔵国に隠没田九百町、備中国には二百町、便ち本道の巡察使に仰せて勘へ検しむ。自余の諸道の巡察使、田を検ふることも亦此に由りてなり。その使の国界に至らぬに、予め自ら首す者は罪を免す」とあるとおり、武蔵・備中両国で合せて一〇〇〇町を越える隠田（勝手に開墾し租税を納めない田）を摘発し、没収して隠没田としたことが契機となって、全国的に隠田の調査・摘発をしようとするものであり、「民俗観察」よりも「校田」にこそ、その目的の中心があったことは明らかである。

天平神護二年（七六六）九月十九日付「越前国足羽郡司解」には、北陸道巡察使の石

【巡察使任命官人表】

道別	巡察使	位　階	帯任職
東海	藤原楓麻呂	従五位下	文部少輔
東山	石川公成	〃	仁部少輔
北陸	石上奥継	従六位上	河内少掾
山陰	淡海三船	正六位上	尾張介
山陽	布勢人主	従五位下	右少弁
南海	馬　夷麻呂	外従五位下	典薬頭
西海	紀　牛養	従五位下	武部少輔

上奥継が「天平宝字四年、校田駅使石上朝臣奥継」[31]とみえ、また天平宝字四年十月二十一日付「越前国司解」には「天平宝字四年、校田駅使正五位下石上朝臣奥継等」[32]とあって、「校田駅使」として東大寺の田地を強行的に収公したうえ、口分田として班田したことはよくしられている。『続日本紀』同四年十一月壬辰（六日）条には、

その七道の巡察使が勘へ出せる田は、所司に仰せて地の多少に随ひて、量りて全輪の正丁に加ふべし。若し足らぬ国有らば、乗田とし、遂に貧しき家をして業を継がしめ、憂ふる人をして肩を息めしめむ。

とある。つまり、巡察使が摘発した田地は租・庸・調・雑徭など全課役を負担する正丁（二一歳～五九歳）に班給することとし、もし正丁が不足する場合には剰田（乗田）として、貧家に耕作させて家業をつづけさせ、憂える人の負担を軽くすることを命じたのである。

そのことは前出の「越前国司解」に「全輪正丁口分」[33]とみえており、また「民部省符伊賀国司」に「去ぬる天平宝字五年巡察使幷国司ら、寺家の雑色供分の田を割き取り、百姓らに給ふ」[34]とあることからも確認できる。

この巡察使の目的は、既述のように「民俗観察」とともに、隠田を摘発し公田として班給する「校田」に重きをおいていたが、その政策の本旨は、膨張傾向にあった東大寺などの諸官大寺の墾開田（寺田）を抑制し、可及的に収公して公田を拡大すると同時に農民の墾田を保護するという、仲麻呂の経済面からの対仏寺抑制政策の一環でもあることを政治史的に重視すべきである。[35]

このような仲麻呂の主要な政策を遂行する巡察使に楓麻呂が任じられたことは、問民苦使での成果が評価されたこともあるが、政権を領導する仲麻呂にとって楓麻呂は信頼する官人であったことを明示している。

四　藤原仲麻呂政権下の楓麻呂—楓麻呂の但馬介補任—

仲麻呂派官人として期待され順調な官途を歩んでいた楓麻呂にとっては、納得できなかったであろう但馬介を命じられたのは、天平宝字四年二月二十日の補任であった。楓麻呂が巡察使を命じられたのが同四年正月二十一日、一か月での遷任である。東海道巡察使として伊賀・伊勢から海道沿いで安房・上総・下総・常陸国まで一四か国の巡察が一か月ですんだとは思えない。

ちなみに天平宝字五年七月には西海道巡察使の牛養が、九州諸国で刀・弓箭などの武器を造作しないのは防衛上危惧すべきことだと上奏し、これをうけて薩摩・大隅国を除く七か国に毎年造り備えることを命じている(36)。『続日本紀』同五年八月癸丑(一日)条に、「頃、七道の巡察使の奏状を見るに、(下略)」とあることを勘案すると、諸道の巡察使が使命を果たして帰京し、その巡察結果を上奏したのは同五年夏に入った四月から七月にかけてのことではなかったろうか。ただ、山陰道使の淡海三船が同五年正月に参河守(三河守)に補任されているから、三船はこの時には帰京していた可能性もある。

しかし、どう考えても、東海道巡察使に任じられて巡察中の楓麻呂が山陰道の但馬介に補任されることは、ふつうはありえない。『続日本紀』には但馬介補任と同時に高円広成が文部少輔の後任にあてられている。ただ、文部少輔を解かれて但馬介に補任されたからといって、この時に巡察使も解任されたということではないかもしれない。同じように仁部少輔であった公成も、楓麻呂が文部少輔を解任されたと同時に仁部少輔を解任されたらしい。公成がどのような官職に補任されたのかはわからないが、兄弟であろう石川人成が仁部少輔に任じられている。

けれども、牛養が天平宝字五年七月に武器の造作のことを上奏した時のことは、『続日本紀』には「西海道巡察使武部少輔従五位下紀朝臣牛養」とあって、巡察使任命以前から引きつづいて武部少輔（兵部少輔）の帯任がしられる。楓麻呂や公成の人事について、本官は遷任したものの臨時官の巡察使はそのままであったのか、どうもはっきりしない。

ただ、巡察使は遅くとも天平宝字五年中には任務を終えて解任されたであろうから、それ以降は但馬介専任となったはずである。但馬国は上国であるから、次官である介の相当官位は「養老官位令」従六位条によって「従六位上」で、従五位下の楓麻呂としては三階も下階の官職であることや、中国ではあったが丹後国の国守を歴任した経験からしても、左降の処分で不満であったに違いない。

では、なぜ仲麻呂派官人として順調な官途を歩んでいた楓麻呂がこのような処遇をうけることになったのであろうか。この但馬介補任は、楓麻呂が東海道諸国を巡察中のことで寝耳に水ということであったかもしれない。

天平宝字四年正月二十一日から二月二十日まで一か月間にどのような政治的な変化があったのだろうか。四日前には、仲石伴を河内守、紀小楫を和泉守、高元度を能登守、飯麻呂を美作守、多治比木人を薩摩守に任じる補任が行われているが、石伴や木人は、仲麻呂の内乱に際して敗死したり官位を剝奪されていることでもわかるように、仲麻呂派でしられる者たちである。

この年の正月には仲麻呂は太師（太政大臣）となって政権を確立させていたから、ますます自己主張が政策に反映するようになっていたし、地方政治の振粛が政治課題でもあったから、主要な官人を地方国守に任じていたのかもしれないが、丹後守・文部少輔から但馬介への遷任は左遷と理解するのが妥当であろう。

当時の但馬守は、長屋王と藤原不比等の娘との間に生まれた藤原弟貞（山背王）であった。ちょうどこの時には坤宮大弼（紫微大弼）にも補任されているし、また天平宝字六年十二月には参議に任官して議政官として京師におり但馬国へは遥任であったから、但馬国での行政は楓麻呂に任せられていたと思う。

その後、天平宝字七年正月、楓麻呂は『続日本紀』同七年正月壬子（九日）条に、「従五位下藤原朝臣楓麻呂を刑部大判事」とあるように、刑部大判事に任じられた。この時、但馬守に高麗福信、介に巨勢広足が補任されているから、楓麻呂はこの時までの三年間を但馬国で過ごしたのであろう。時には朝集使などの公務で一時的に平城京に滞在することはあっただろうが、刑部大判事への任官によって三年ぶりに帰京を果たしたのである。

刑部大判事は、刑部省に属して、中判事二人・少判事四人を率いて「鞫はむ状案覆せむこと、刑名断り定めること、諸の争訟判らむこと」[37]を職掌としており、相当官位は正五位下である。位階のことからいえば従五位下である楓麻呂にとっては栄転といえるのかもしれないが、刑部大判事はいわば裁判官であって政治的には顕職ではなかったから、けっして楓麻呂の希望する官職ではなかった。そして天平宝字七年四月には、藤原良継・大伴家持・石上宅嗣・佐伯今毛人らによる仲麻呂暗殺未遂事件が起こっている。具体的なことは中川收氏の研究に詳しいが[38]、岳父良継が大不敬として「名例律」の八虐罪で弾劾されて除名の処分をうけたことは、刑部大判事としてむずかしい立場におかれたかもしれないし、職責として直接関わることもあったかもしれない。このことが楓麻呂の政治的立場を一層悪くしたことはたしかであろう。

五　称徳・道鏡政権下の楓麻呂

帰京したとはいえ、仲麻呂から誘掖のない、かえって疑惑をもたれていたであろう楓麻呂は、閑職にあって鬱屈とした日々をおくっていたに違いない。位階も従五位下のままで六年も昇叙に預からなかった。

しかし、それから一年半が過ぎた天平宝字八年九月、仲麻呂の内乱が起こった。この内乱は、仲麻呂の孝謙太上天皇へのクーデターと理解されてきたが、実態は擁立した淳仁のもとで太師として全権を掌握して儒教にもとづいた唐風の徳治政治を推進する仲麻呂と、太上天皇とはいえ政権の埒外におかれたことに不満を覚えて権力の奪取を画策する孝謙との、政治闘争であった。つまり、律令制にもとづく官僚制国家を志向する専権貴族の仲麻呂と、草壁親王嫡系の皇統を標榜し王権を固守して天皇権力の行使をめざす孝謙との、権力闘争であったのである(39)。

孝謙は、吉備真備らの立案した綿密かつ周到な計画のもとに、まず淳仁の保持していた天皇を象徴する御璽と地方への使者を証明する駅鈴を奪取して、仲麻呂から官位、藤原の姓字、職分田・職封などを剝奪して反逆者であると宣言した。先制された仲麻呂は基盤地である近江国庁での反攻を意図に平城京を脱出したが、これを見越していた孝謙側は、兵士を先行させて近江国庁眼前の勢多橋を焼落とさせて仲麻呂一行の入庁を阻んだ。

これによって反攻策が潰えた仲麻呂らは、八男の辛加知が国守としている越前国をめざし、また彼の国から友好関係を築いていた渤海国への逃亡をも考慮していたが、これも予測していたのであろう、孝謙側は兵士を急派して辛加知を斬殺するとともに、愛発関を固守して仲麻呂らの越前入国を阻止した。九月十八日、行き場のなくなった仲麻呂らは反転して琵琶湖西岸を南下したところ、追撃してきた孝謙軍の本隊と高島において決戦となった。戦闘は六時間に及び、一時は仲麻呂軍が優勢となったが、孝謙軍の藤原蔵下麻呂率いる援軍によって形勢が逆転、仲麻呂は一族・徒党とともに敗死した。

この孝謙軍と仲麻呂の戦闘最中の九月十二日、楓麻呂は一挙に四階昇級する従四位下の叙位に預かっている。孝謙は、この内乱の起こった九月十一日から事態が収束した十月八日までのほぼ一か月間に一一回の昇叙を行っている。

最初の九月十一日は、仲麻呂の行動を密告した者や御璽・駅鈴の争奪に関わった者など孝謙の勝利に大きく寄与した一三人で、昇叙階数は平均して五階である。楓麻呂が昇叙した九月十二日の叙位は、仲麻呂の近江逃亡をうけて孝謙側への尽力を期待した懐柔的傾向のつよいものであったと思われるが(40)、その一六人のなかでも楓麻呂の昇級は下毛野足麻呂とともにもっとも大きい四階であり、平均の二階を上回っている。

そして、翌年の天平神護元年(天平宝字九年・七六五)正月にはこの内乱での軍功によって勲四等を授けられている。勲四等には、仲麻呂の謀議を密奏したとされる高丘比良麻呂や、仲麻呂を斬殺した軍士の石村石楯など、六人が授けられているから、これらに匹敵する大きな軍功をあげたことがしられる。

このことは、楓麻呂が仲麻呂政権とは疎遠な政治関係にあったこと、具体的なことは明らかではないが内乱に際しては孝謙軍に属したこと、さらに良継や蔵下麻呂兄弟らがこの争乱で活躍していることなどを考慮すると、楓麻呂も岳父良継らとその勝利に大きく寄与したためと推すことができる。

その軍功による働きを評価されたのであろう。内乱終息の直後である天平宝字八年十月には美濃守に任じられている。美濃国は三関のひとつ不破関のある軍事上の要衝国で、仲麻呂も訓儒麻呂、そして執棹と息子をつづけて充てていた国である。孝謙も仲麻呂の反逆を宣言すると同時に、固関使を派遣して不破・鈴鹿・愛発の三関の征圧を策している。執棹が内乱でどうなったのか史料にはみえないが、その下僚である少掾の村国嶋主が固関使によって同八年十月二十日に誅殺されたことが『続日本紀』にみえているから、その直前に執棹も斬殺されたものと推量できる。楓麻呂が執棹誅殺後の美濃守に任じられたことは、孝謙から信頼される存在であったことを示教している。

そのことを明白に物語るのは、その翌年の天平神護元年七月になって右兵衛督に遷任されたことである。孝謙は内乱に勝利して称徳天皇(以後、称徳)として重祚したが、これで政情が安定したわけではなかった。皇嗣をもたない老齢の独身女帝が再び帝位についたことで、かえって皇位継承をめぐって公卿たちの思惑も加わって政争は激しくなった。

仲麻呂の敗死よって淡路に追放されていた淳仁廃帝が京中での支持勢力と復位を謀ったり[41]、和気王が「己が怨男女二人在り。此を殺し賜へ[42]」として、称徳と道鏡二人の暗殺を企む事件が起こるなど、不穏であった。これに対処して、称徳は、天平神護元年二月には授刀衛を近衛府と改称して精強化するとともに、外衛府の官員を定め、内厩寮を創設するなど軍事力を整備する一方で、この前後には近衛府を中心とする軍衛人事を頻繁に行って天皇権力の強化をはかっている。

楓麻呂の右兵衛督遷任は、このような称徳の意図による蔵下麻呂の近衛大将への異動にともなう襲任であった。蔵下麻呂は、仲麻呂との近江国高島での決戦を勝利に導いた最大の功績者で、軍衛を代表する存在であったから、その後任であったことは楓麻呂がどのような存在であったかを類推することができる。また、この右兵衛督任官の背景には、この年の正月に次兄永手が右大臣、三兄真楯が大納言に昇って発言力もあがり、称徳の「藤原朝臣等とは朕が親に在るが故に[43]」との親藤原氏の意識もあったと思う。

称徳は、道鏡を大臣禅師・太政大臣禅師、そして天皇に匹敵する存在の法王に任じて、「称徳・道鏡政権」を構築したが、この二人による政権の実態は、永手を中心とする太政官補任氏族らとの乖離によって頗る不安定なものであった。そのために下級官人や地方豪族出身者の登用に必死となり、その必要から孝謙時代に比べても異常に多い昇叙と補任を繰りかえした[44]。また脆弱な政権の実態を隠蔽するためであろう、天皇の治政が理想的であり、それが天に感応した時に現れるという祥瑞を頻繁に作為した[45]。

このような性格を有する称徳・道鏡政権下で、藤原北家の出である楓麻呂は二年間ほど右兵衛督を務めている。前述のように称徳・道鏡政権は脆弱な体質を克服するために軍衛の強化を重視していた。

楓麻呂が右兵衛督に在任していた天平神護元年七月から神護景雲二年十一月までの衛府の長官を「衛府の大将・督在任表」に示した。

まず注視されることは、衛門督に道鏡実弟の弓削浄人が任じられていることである。また近衛大将の蔵下麻呂は、仲麻呂との内乱での決戦で勝利して戦勝を報告しており、中衛大将の真備は、称徳女帝が皇太子時代から個人的にも親密であり、やはり内乱では「軍務を参謀して[46]」戦勝に寄与する功績があるなど称徳の側近であり、さらに左兵衛督の山村王も、真備と同様に内乱で淳仁から御璽と駅鈴を奪取するなど戦功のある側近であった。

これらのことからして、称徳・道鏡政権の軍衛は仲麻呂の内乱で戦績のあった公卿官人を中心に補任されており、楓麻呂がその一翼を担っている。このことは、前述したように具体的には史料にみえないが、内乱後に一挙に四階昇叙されたこととともに、内乱での武功の大きかったことを示唆している。


【衛府の大将・督在任表】

衛府名	在任官人名
近衛大将	藤原蔵下麻呂
中衛大将	吉備真備
外衛大将	百済王敬福→藤原田麻呂
左兵衛督	山村王
右兵衛督	藤原田麻呂→楓麻呂→藤原百川
左衛士督	阿倍息道→藤原是公
右衛士督	小野小贄→藤原雄依
衛門督	弓削浄人

その後、神護景雲元年二月になって楓麻呂は大宰大弐に遷任している。この人事は前任者の今毛人を造西大寺長官に登用したのをうけてのものであった。今毛人は、天平十六年に造甲賀宮司にあって大仏造顕に従事して、つづいて平城京に移っての東大寺造営にも尽力し、造東大寺次官から昇任して、造東大寺長官も二度経験して、さらに大宰府では営城監に任じられて怡土築城の専知官を兼任するなど、造営に経験豊富であった。西大寺は、称徳自らが仲麻呂の内乱鎮圧をうけて造立しようとしたものであって、そこで今毛人を大宰府から召喚して造営にあ

たらせたもので、楓麻呂はその後任として任官したのである。

楓麻呂は、たぶん神護景雲元年三月末から四月初旬に九州へと下向したのであろう。大宰帥は石川豊成であったが、豊成は参議の兼官であったから遙任で、大宰府行政は楓麻呂が差配したことであろうが、その半年後の八月には下僚の少弐に文人官人として著名な淡海三船と大伴家持の二人が赴任してきている。楓麻呂の大宰府での仕事は、今毛人を引き継いで筑前国での怡土築城のことが中心であったろう。翌年の同二年二月には怡土城が完成したことがしられる。

今毛人の任務を引き継いで怡土築城を果たした楓麻呂にとって、早い帰京が待たれた。神護景雲二年十一月、楓麻呂は右大弁に任じられて一年九か月ぶりに帰京した。この人事は、楓麻呂の後任に外衛大将藤原田麻呂が、田麻呂の後任に右大弁藤原継縄が任命されるという三人が互いに異動したものであったが、田麻呂も継縄もすでに参議に在任していたことを思うと、楓麻呂が政権中枢の近いところにいたことが確認できる。

そして『続日本紀』神護景雲三年九月辛巳(十七日)条には、この時になって楓麻呂が信濃守に任ぜられたことがみえている。『公卿補任』宝亀二年条には七月のこととみえているが、前任者の太犬養が八月まで在任して右少弁に遷っていることから、その後任とする『続日本紀』によるのが正しい。この信濃守補任は右大弁との兼任か、それとも右大弁からの遷任かの判断はむずかしい。この時に右大弁の後任人事がみえないし、前任者継縄は右大弁に越前守を兼任していたから楓麻呂も兼任と考えられる。後述の「知識物歴名帳草」(「仏事捧物歴名」)にも右大弁とある。ただ、前述のように信濃守の前任者の太犬養が右少弁を命じられており、大弁と少弁とは違うが弁官に異動が確認できることは、大宰大弐補任時の相互交替の事実を思えば、この時に楓麻呂が右大弁から去任して、何らかの中央官に任じられたうえで、地方官の信濃守兼任を命じられた可能性もあるように思う。それでは、この時に楓麻呂が任じられた官職は何かというと、一年後の宝亀元年（神護景雲四年・七七〇）八月には弾正尹に在任していたことが確認できるから、弾正尹に信濃守を兼任したのかもしれない。

そして、この頃に楓麻呂は何かの仏事に際して、油一升・花一樻・香一裹を進上している。正倉院文書の続修二八にみえる。『大日本古文書』（編年文書）は、五巻七〇五～七〇八頁に日付不詳で「仏事捧物歴名」として所収している。編纂者の注記として「続日本紀公卿補任等ニ依ルニ、神護景雲三年十月以後、宝亀元年六月以前ノモノナルベシ」とみえる。同文書は『正倉院古文書影印集成』六巻（八木書店、一九九三年六月）四二頁に「知識物歴名帳草」として収められている。この仏事への知識物が何に対するものかわからないが、前述した楓麻呂の右大弁在任期を考慮すれば、この文書編纂者注の日付は再考の必要があろう。

六　「藤原式家主導下」での楓麻呂

宝亀元年八月、称徳は平城宮西宮の寝殿に五三歳で没した。生前に、一歳年上の異母姉である井上内親王の夫で、天智天皇皇孫、施基親王の子である白壁王を皇嗣として指名していたという説もあるが[47]、真相は通説どおりに、没後に左大臣永手、右大臣真備、参議・兵部卿藤原宿奈麻呂（良継）、近衛大将蔵下麻呂ら六人の合議があり、なかでも永手・良継・蔵下麻呂ら藤原北家・式家が中心となって、天武天皇皇孫の文室浄三・大市兄弟を推した真備らを抑えて、白壁王の擁立に成功したというところであろう[48]。

この白壁王の擁立について、加納重文氏は、貴族集団による国家統治への為政集団全体の意思でもってなした、一種の無血革命であったのではないかと述べているが[49]、まさにそのとおりであろう。このような臣下によって天武皇統から天智皇統に皇統が迭立されるという政治史上の一大変革にあたって、楓麻呂はどのように対応したのであろうか。

称徳は、すでに一〇〇日以上も重篤な状態にあったから、[50]その死を前提に誰を皇嗣にするかをめぐって水面下での権力闘争は苛烈であったと推考される。よって白壁王の擁立は思いのほか早くから慎重にすすめられていたと思う。だからこそ、真備らとの皇嗣をめぐっての抗争に勝利したのである。白壁王擁立の中心は、楓麻呂の二兄で左大臣の永手と岳父良継で、五兄の魚名も参議として太政官を構成する一人であったから白壁王擁立のメンバーであったであろう。楓麻呂は具体的な行動を求められていなかったとは思うが、これらの人たちと同様に白壁王擁立で行動していたと思われる。

楓麻呂は称徳の葬儀にあたって御装束司を命じられた。『続日本紀』宝亀元年八月癸巳(四日)条には、「従三位文室真人大市・高麗朝臣福信・藤原朝臣宿奈麻呂・藤原朝臣魚名、従四位下藤原朝臣楓麻呂・藤原朝臣家依、正五位下葛井連道依・石川朝臣垣守、従五位下太朝臣犬養、六位十一人を御装束司とす」とみえる。御装束司は、大葬などで設けられる衣服・調度などの物品を準備する臨時官であって、三位の長官、五位の次官、六位以下の判官・主典という四等官制がとられていたから、従三位の大市・福信・良継(宿奈麻呂)・魚名の四人が長官、楓麻呂・家依・道依・垣守・犬養ら五人が次官であったということになるが、同じ次官であっても楓麻呂がもっとも高い位階であることを思えば、次官の筆頭的役割が期待されていたのではないだろうか。

このような事実や、十月には即位する白壁王(光仁天皇)を擁立した新政権が永手・良継を中心としたものであったことから、この二人にとって実弟と娘婿である楓麻呂にも大きな役割が課せられた。それは「載するに鸞輿を以てす。衣服・飲食、一ら供御に擬ふ。政の巨細に決を取らずといふこと莫し」[51]とみえるように、称徳の寵愛によってあらゆることで天皇に準じる待遇をうけ、政治のすべてを決裁して絶大なる権限をふるっていた道鏡を追放するという役目であった。

『続日本紀』宝亀元年八月庚戌(二十一日)条には、

皇太子令旨すらく、如聞らく、道鏡法師、窃に舐粳の心を挟みて、日を為すこと久し。陵土未だ乾かぬに、奸謀発覚れぬ。是れ神祇の護る所、社稷の祐くる攸なり。今、先聖の厚恩を顧みて、法に依りて刑に入ることを得ず。故、造下野国薬師寺別当に任して発遣す。宜しくこれを知るべしといふ。即日、左大弁正四位下佐伯宿禰今毛人、弾正尹従四位下藤原朝臣楓麻呂を遣して、役して上道せしむ。

とみえて、追放される道鏡を、今毛人とともに下野国まで護送する役目を務めたのである。今毛人と楓麻呂の二人がこの役目を命じられたのは、太政官の事務を統べる左大弁と刑部大判事という帯任職が考慮されたものと考えられる。「即日」とあるから、楓麻呂らは道鏡を急かして平城京を発ったことであろうが、何といっても前日までは天皇と同等の権限を有していた道鏡だけに、その一派の抵抗も予想されたことから、楓麻呂の下野国までの護送は気の抜けない道中であったのではなかろうか。

楓麻呂が八月二十一日直後に平城京を発って、近江国から美濃国を経ての東山道を下って下野薬師寺のある下野国河内郡まで護送し、そこから帰京したのは、九月二十日をすぎた頃であろう。「延喜主計寮式」には「行程上卅四日。下十七日」とあるから、一か月以上を要したと思うが、その出発まえの二十二日に楓麻呂は伊勢守への遷任を命じられている。この日は、伊勢守の前任だった阿倍東人が中務大輔に、藤原雄田麻呂(百川)が越前守に、桑原王を下野員外介に任じるなどのことが行われているが、この人事は白壁王が立太子してから最初のものであるだけに注視される。伊勢国は鈴鹿関、越前国は不破関を管掌するから、白壁王擁立に関わる騒擾を考慮しての警固を目的としたものであり、下野国は道鏡を監視するためのものであったと思う。

ただ、この伊勢守への任官が弾正尹からの遷任だったのか、それとも兼官だったのかである。同日の補任で丹波守に任じられた藤原家依や越前守を命ぜられた雄田麻呂は、『続日本紀』の記事では「兼丹波守」「兼越前守」と「兼任」が明記されているのに、楓麻呂に「兼」がないことから、弾正尹から伊勢守への遷任と理解することもできる[52]。しかし、こののち楓麻呂は翌年の宝亀二年五月に伊勢守から讃岐守に任じられているが、これはすでに帯任していた右衛士督との兼官であったことから、確たることはいえないが伊勢守も弾正尹に加えての兼官であったとも考えられる。

宝亀元年十月、白壁王は大極殿に即位して光仁天皇となるとともに、八月初旬に肥後国葦北・益城両郡から白亀の献上があり、これが大瑞に適うということで神護景雲から宝亀へと改元している。しかし、この肥後国からの祥瑞は光仁の践祚を寿いでのことではなく、先朝の称徳の治政を称揚しようとしたものであった。称徳・道鏡による体制は、永手ら中央貴族らとの乖離もあって、前述したようにそれは不安定であった。これを克服して政権の確固さを誇張するために、称徳は治政が理想的であることに天が感応して現出するとされる祥瑞を捏造させた。孝謙時代は、元正・聖武両天皇と同じ年平均〇・七回前後であるのに対して、称徳時代は二・八回と四倍で、文武天皇より桓武天皇までの九代のなかで回数が断然多い。この称徳の祥瑞には、回数が多いということだけではなく、祥瑞(動物)の献上が地方、とくに九州からのものであり、また白鹿・白雉・白烏・白鼠・白鳩・白雀・白亀など「白色」のものに限られることに特徴がある[53]。白色は、天武時代に「赤色」の祥瑞が多かったことを意識したものであろう[54]。宝亀改元への契機となった肥後国からの祥瑞は時期的なことからいっても、称徳・道鏡の意図をうけた大宰帥弓削浄人の指示によるものであろう[55]。浄人は自らも白雀を献上している。つまり、光仁の宝亀改元は、称徳・道鏡が企んだ祥瑞を都合よく流用したものであったのである。

即位と宝亀改元にあたり、光仁は「仕へ奉る人等の中に、しが仕へ奉る状に随ひて、一二等冠位上げ賜ひ治め賜ふ」[56]として昇叙を行っている。

この一階の昇叙に預かった五位以上の官人は『続日本紀』によると二七人であるが、この二七人が「しが仕へ奉る状に随ひて」昇叙された光仁の擁立に功績があり、そして側近であったことが理解できる。そのような性格の叙位で楓麻呂が従四位上に叙せられていることに、この時の楓麻呂の政治的存在を推しはかることができる。

そして、半年後の宝亀二年五月になると、楓麻呂は『続日本紀』宝亀二年五月己亥(十三日)条に、「右衛士督従四位上藤原朝臣楓麻呂を兼讃岐守」とみえるように讃岐守に補されている。これが伊勢守からの遷任であったことは、『続日本紀』同日条に阿倍毛人が後任として伊勢守に任ぜられたことがみえることからもわかる。また、この『続日本紀』条文をみればわかるように、讃岐守の兼任を命じられた時には、楓麻呂はすでに右衛士督に在任していたらしい。では、いつ右衛士督に任ぜられたかというと、はっきりとした答えを用意することはできない。けれども神護景雲二年二月に右衛士督に任ぜられた佐伯伊多智が楓麻呂の前任者だとすれば、宝亀二年閏三月時点ですでに中衛中将に転じていたから、楓麻呂の右衛士督就任はこの時点より以前となる。

【光仁即位直後の四位以上の昇叙官人表】

正一位	藤原永手
正三位	大中臣清麻呂
〃	文室大市
〃	石川豊成
〃	藤原魚名
〃	藤原良継
正四位下	藤原田麻呂
〃	藤原百川
従四位上	阿倍毛人
〃	藤原継縄
〃	藤原楓麻呂
〃	藤原家依
従四位下	大伴三依

宝亀二年十一月になると、太政官院で大嘗祭が挙行された。これによって光仁の皇権がほぼ確立したといってよいであろう。このような事情をうけてのことであろう叙位が行われている。楓麻呂は一階昇って正四位下の位階にいたった。その後、同三年四月になって擢用されて参議に昇っている。ついに楓麻呂は太政官に入って議政官となったのである。

【楓麻呂参議登用時の太政官構成表】

右大臣	大中臣清麻呂
内　臣	藤原良継
大納言	文室大市
〃	藤原魚名
中納言	石川豊成
〃	藤原縄麻呂
〃	石上宅嗣
参　議	藤原清河
〃	藤原継縄
〃	藤原田麻呂
〃	藤原百川
〃	藤原楓麻呂
〃	阿倍毛人
〃	藤原浜成

この時の太政官メンバーは、「楓麻呂参議登用時の太政官構成表」をみればわかるように、光仁を擁立して右大臣大中臣清麻呂にまさる権力をもつ実質的領導者である良継[57]とその弟たち（田麻呂・百川）による「式家主導」のもとで、北家（魚名・楓麻呂兄弟、清河は在唐）、南家（継縄・縄麻呂兄弟）、京家（浜成）出自官人をも加えた藤原挙族体制[58]がとられていたと理解できる。

楓麻呂の参議登用には、太政官首班であった左大臣永手を宝亀二年二月に喪ったことで、北家が実質は魚名一人となったことから、楓麻呂を登用することで（北家二人）、藤原各家の均衡をとり（式家三人、南家二人）、挙族体制による政権を保持しようとした良継の意図があった[59]。この時にも良継は婿である楓麻呂を引き立てたのである。

その後、楓麻呂は参議として議政に参与しながら右衛士督・讃岐守を兼任して、藤原挙族体制の一員としての職責を果たしていたが、その間の宝亀三年三月には井上皇后が巫蠱に坐して廃され、同三年五月には皇太子の他戸王が廃太子されるなど政変があった。これは、他戸王の異母兄である山部親王（桓武天皇）に娘乙牟漏を配していた良継と、娘の旅子を納れていた百川兄弟が、山部を立太子させようとした謀計であった。このようなことから徐々に式家の権勢が大きくなって、同四年正月にはついに山部が立太子したが、それでもこのことは円滑に進捗したわけではなかった。

史料の信頼性からすると問題があるが、『水鏡』下・光仁天皇条には、山部の立太子には光仁自身も「山部ハ無礼ノ親王ナリ」として退け、井上廃后を母とする酒人内親王を立てようとの意思を示したり、藤原京家の参議浜成が卑母であることを理由に山部を否定して、光仁とその姪の尾張女王を母とする薭田親王を薦めるなど、立太子決定は紛糾したことがみえている。[60] それでも百川が「目ヲイカラカシ、太刀ヲヒキクツロゲテ」山部の立太子を強行したのである。このことは『公卿補任』宝亀二年条の百川尻付に引く「本系」にも「(百川が)しばしば奇計を出し、遂に他部《(マヽ)》を廃して、桓武天皇を太子と為す」とあり、また『続日本後紀』承和十年(八四三)七月庚戌(二十三日)条にも、「帝《(桓武天皇)》乃ち涕を流して、(中略)緒嗣の父《(百川)》微りせば、予豈に帝位を践むことを得むや」と、桓武自身がいっていることからしても、他戸皇太子の廃太子にはじまって、山部の立太子決定までには、光仁の皇嗣をめぐる権力闘争のあったことが推考される。ちなみにそれは、山部立太子に反対した浜成が、桓武の即位直後に大宰員外帥に左降され、八年にもわたって事実上の軟禁状態にて没したことをみてもわかる。

　このような政情にあったことを考えると、参議の一人であり、有力な官人でもあった楓麻呂はむずかしい対応を迫られていたものと推察される。けれども、藤原氏には基本的に式家中心の挙族体制を維持することを優先しようとする意図があったから、北家の楓麻呂も兄魚名も協調しつつ雌伏する状況にあったものと思われる。そのこともあってか、宝亀五年正月には、式家の良継が従二位に、百川が正四位上に昇叙されたのとともに楓麻呂も正四位上に叙されたが、同五年五月になると、楓麻呂は百川とともにさらに一階昇って従三位に叙せられた。内位である従五位下から貴族となる従三位まで一七年を要している。

　これが早いか遅いかであるが、この時の太政官構成員で藤原氏をみてみると、継縄は九年、田麻呂は一二年、百川は一六年、魚名は一九年、縄麻呂は二〇年、良継は二一年である。継縄や田麻呂に比べれば遅いが、内臣・内大臣である良継は二一年、のちに左大臣となる魚名も一九年を費やしていることや、楓麻呂が末弟の七子であったということを考えれば、とくに遅いというわけでない。

　楓麻呂と百川の従三位昇叙とともに、蔵下麻呂と藤原是公が参議に加わった。これは宝亀三年九月に石川豊成、同三年十一月に阿倍毛人が没したことから、その欠員を補充するためであったが、これで一四人のうち大中臣清麻呂と文室大市・石上宅嗣を除いて藤原氏が一一人で、式家が良継・田麻呂・百川・蔵下麻呂の四人、南家が縄麻呂・継縄・是公の三人、そして北家が魚名・（清河、在唐中）・楓麻呂の二人、京家が浜成と、「藤原式家主導体制」ともいってよい体制が政治を領導したのである。

このようななか、宝亀五年七月に大納言の大市が致仕し、右大臣の清麻呂も七三歳の高齢であったから、良継の領導力はますます強化されたといってもよい。ただ、良継にとって痛手となったのは、末弟の蔵下麻呂が同六年七月に没したことで、権力を構成していた一角が崩れたことであった。同六年九月には大市と蔵下麻呂の後任に大伴駿河麻呂と紀広庭が任じられたが、この人事で藤原氏が用いられなかったことは看過できない。駿河麻呂は蝦夷の征圧政策との関係からの登用かもしれないが、広庭は光仁天皇の生母である紀橡姫と同族であることから、光仁の意図が反映されたものであろう(61)。この紀氏の重用は、桓武即位後に顕著となってゆく。

蔵下麻呂の死没を契機に「藤原式家主導体制」にも綻びがみえるようになって、政治体制は流動的になってきたようである。ちょうど、その頃『続日本紀』宝亀六年十一月丁巳（二十七日）条には、「参議従三位大蔵卿藤原朝臣楓麻呂を兼摂津大夫とす」とみえている。『公卿補任』は十二月のこととする。

楓麻呂は、いつ頃からか右衛士督から大蔵卿に遷任していて、宝亀六年十一月には兼任職が讃岐守から摂津大夫に異動したのである。大蔵卿への任官がいつかであるが、藤原雄依が同五年三月に右衛士督に補任され、この時には石上息嗣が大蔵卿に任ぜられているから、楓麻呂は右衛士督から他職に遷って、息嗣を襲任して大蔵卿に任じられていたのである。よって、このほぼ一年九か月の間に大蔵卿に遷任したものの、同五年三月からは息嗣の任官期間が含まれているし、『公卿補任』同六年条は「月日任大蔵卿」と月日を明記しないが同六年の大蔵卿任官を記す。そこで同六年正月から十一月までの間の補任記事を『続日本紀』に拾ってみると、三月二日の左右衛士員外佐、九月十三日の国守、九月二十七日の近衛府任官など、いずれも小範囲のもので判断できないが、楓麻呂の大蔵卿任官は、強いていうならば大伴駿河麻呂・紀広庭の参議補任のあった九月二十七日の可能性があろう。

おわりに

この後、宝亀七年六月になって楓麻呂は没した。『続日本紀』には冒頭に記したように「参議従三位大蔵卿兼摂津大夫藤原朝臣楓麻呂薨しぬ」とあるが、享年についてはみえない。天平三年の生まれとすると、四六歳であって、この時の太政官メンバーの年齢は、良継の六一歳を筆頭に、魚名五六歳、田麻呂が五五歳、浜成が五三歳、継縄と是公が五〇歳、縄麻呂が四八歳であるから、楓麻呂は四五歳であった百川につづいて若かったということになる。

楓麻呂の参議の後任には同じ北家の二兄永手の一子である家依が補されている。北家の楓麻呂が没して、その後任を同じ北家から登用しているのは、やはり式家が主導する政治体制ではあるものの、北家・南家とも協調しつつ藤原氏挙族の政治体制を維持しようとする方針が基本にあったことを物語っている。

宝亀八年正月、良継が内大臣となるが、その直後に魚名が従二位を授けられている。これは魚名が良継の後継となることを示したものであろう。事実はこれに違うことなく、同八年九月に良継が没して、大市も致仕すると、右大臣清麻呂がいるとはいえ、魚名は大納言として存在感を増して、ついで内臣・忠臣、そして桓武天皇即位直後には左大臣まで昇っている。

しかし、天皇権力の確立のために公卿勢力の抑圧をめざす桓武と対立するようになった魚名は、桓武の意図とする良継の娘乙牟漏の立后問題をめぐってこれを容認しなかったと思われる。(62)そのため、桓武の密命をうけた式家の種継や今毛人ら桓武股肱の臣の陰謀によって左大臣を追放されることになる。(63)もし、甥の家依ではなく実弟の楓麻呂が生存していたならば、魚名の失脚も違う局面を迎え、藤原挙族体制も維持されたかもしれない。

いずれにしても楓麻呂の官人としての生涯は、左大臣としての二兄永手と岳父良継をはじめとする藤原式家中心の藤原氏挙族体制を維持することの目的の具現のための政治的役割を、北家の末弟として果たしたことにあると思う。

註

(1)『藤原北家・京家官人の考察』のうち、北家については、著者の①「藤原真楯薨伝について」(『古代文化』五七巻三号掲載、二〇〇五年三月)、②「『続日本紀』藤原真楯薨伝再論」(『政治経済史学』四九一号掲載、二〇〇七年七月)、③「藤原永手について」(『甲子園短期大学紀要』三〇号掲載、二〇一二年三月)・「藤原永手について(2)」(『甲子園短期大学紀要』三一号掲載、二〇一三年三月)・「称徳天皇の遺宣」(『日本歴史』七〇六号掲載、二〇〇七年三月)、④「藤原房前像の再検討」(『政治経済史学』五六二号掲載、二〇一三年七月)、⑤「称徳朝までの藤原魚名について」(『史聚』四六号掲載、二〇一三年三月)・「光仁朝以降の藤原魚名について」(『甲子園短期大学紀要』三二号掲載、二〇一四年三月)・「藤原魚名の左降事件について」(『龍谷史壇』一三八号掲載、二〇一三年九月)のことを指す。

(2) 木本好信「藤原御楯(千尋)について(上)」(『史聚』四九号掲載、二〇一六年三月)。本章第一節。

(3)『続日本紀』天平宝字八年六月乙亥条の藤原御楯の薨伝も、楓麻呂同様に簡潔ではある。

(4) 角田文衛「板野命婦」(『律令国家の展開』所収、塙書房、一九六五年一一月)。

(5) 高島正人『奈良時代諸氏族の研究─議政官補任氏族─』(吉川弘文館、一九八三年一一月)三〇二頁。

(6)長島一浩「藤原楓麻呂の一考察―山科大臣藤原園人の父―」(河村昭一先生退職記念『史学論集』所収、兵庫教育大学史朋会、二〇一三年三月)。
(7)野村忠夫「八世紀中葉の藤原北家―永手・真楯(八束)・御楯(千尋)―」(『史聚』一二号掲載、一九八〇年五月、のち『奈良朝の政治と藤原氏』所収、吉川弘文館、一九九五年一月)。
(8)魚名は、『続日本紀』延暦二年七月庚子条に、六三歳で没したとみえて、養老五年の生まれであることがわかる。
(9)『続日本紀』天平宝字元年四月辛巳条。
(10)直木孝次郎「額田王の年齢と蒲生野遊猟」(『続日本紀研究』三三一号掲載、二〇〇一年四月)。
(11)『大日本古文書』編年文書一二巻二六五頁。
(12)註(4)角田前掲論文。
(13)註(6)長島前掲論文。
(14)註(4)角田前掲論文。
(15)阿部猛『平安前期政治史の研究　新訂版』(高科書店、一九九〇年九月)一二三頁。
(16)曽我部静雄「日唐の地方行政の監察制度」(『律令を中心とした日中関係史の研究』所収、吉川弘文館、一九六八年一月)。
(17)瀧川政次郎「問民苦使考」(『歴史学研究』三巻三号掲載、一九三五年一月)。
(18)『唐会要』(世界書局、中華民国五七年一一月)一一一二頁。
(19)木本好信『藤原仲麻呂政権の基礎的考察』(高科書店、一九九三年六月)一一九〜一三二頁。
(20)当時、京家では浜足(浜成)が従五位下・大蔵少輔であって、京畿内道使の石川豊成を除いて他の六人の位階は六位である。このような位階のことを理由に浜足が選任されなかったのかもしれない。

(21)『続日本紀』天平宝字二年八月庚子条。
(22)『大日本古文書』編年文書一五巻一二九～一三二頁。
(23)田中卓「唐風官名よりみたる仲麻呂政権の実体」(『社会問題研究』六巻一号掲載、一九五六年二月)。
(24)野村忠夫「所謂『上階官人歴名』断簡補考―「神祇大輔中臣毛人等百七人歴名」について―」(『続日本紀研究』三巻七号掲載、一九五六年七月)。
(25)『続日本紀』天平宝字三年六月丙辰条。
(26)『続日本紀』天平宝字六年九月乙巳条。
(27)註(6)長島前掲論文。
(28)林陸朗「巡察使の研究」(『国史学』六八号掲載、一九五七年三月、のち『上代政治社会の研究』所収、吉川弘文館、一九六九年九月)。
(29)註(28)林前掲論文。
(30)『続日本紀』天平宝字四年五月戊申条。
(31)『大日本古文書』編年文書五巻五四三頁。
(32)①『大日本古文書』家わけ第十八、東大寺文書之二・東南院文書之二、二〇七頁。②竹内理三『寧樂遺文』(東京堂出版、一九六二年九月)六七〇頁。
(33)註(32)前掲書①、一九八頁。同②、六六六頁。
(34)註(32)前掲書②、六五七頁。

(35)　註(19)木本前掲書、一八二～一八四頁。
(36)　『続日本紀』天平宝字五年七月甲申条。
(37)　「養老職員令」刑部省条。
(38)　中川收「藤原良継の変」(『続日本紀研究』七巻二・三号掲載、一九六〇年二・三月)。
(39)　木本好信『藤原仲麻呂政権とその時代』(岩田書院、二〇一三年三月)八六頁。
(40)　木本好信『藤原仲麻呂』(ミネルヴァ書房、二〇一一年七月)三一二頁。
(41)　木本好信「『続日本紀』天平神護元年十月甲申条をめぐって」(『日本歴史』四九七号掲載、一九八九年一〇月)。
(42)　『続日本紀』天平神護元年八月庚申条。
(43)　『続日本紀』天平神護元年十一月辛巳条。
(44)　木本好信「称徳・道鏡政権の実態―貴族官人層との関係―」(『史聚』三九・四〇合併号掲載、二〇〇七年三月、のち『奈良時代の政争と皇位継承』所収、吉川弘文館、二〇一二年三月)。また本書第三章第四節参照。
(45)　註(44)木本前掲論文。
(46)　『続日本紀』宝亀元年十月丙申条。
(47)　瀧浪貞子「藤原永手と藤原百川―称徳女帝の「遺宣」をめぐって―」(『日本古代宮廷社会の研究』所収、思文閣出版、一九九一年一一月)。
(48)　木本好信「称徳女帝の「遺宣」―光仁天皇の立太子事情―」(『日本歴史』七〇六号掲載、二〇〇七年三月、のち『奈良時代の政争と皇位継承』所収、吉川弘文館、二〇一二年三月)。
(49)　加納重文「藤原百川―「水鏡」論として―」(『京都女子大国文』一一一号掲載、一九九二年六月)。

(50)『続日本紀』宝亀元年八月丙午条に、「此より百余日を積むまで、事を親らしたまふことあらず。群臣曾て謁見すること得る者无し」とある。
(51)『続日本紀』宝亀三年四月丁巳条。
(52)新日本古典文学大系『続日本紀』四(岩波書店、一九九五年六月)三〇〇頁脚注に「(楓麻呂の)前官は弾正尹」と記して兼官ではなく遷任と理解している。
(53)註(44)木本前掲論文。
(54)栄原永遠男「天皇と赤幡」(『万葉集研究』三〇集所収、塙書房、二〇〇九年九月)。
(55)註(44)木本前掲論文。
(56)『続日本紀』宝亀元年十月己丑条。
(57)良継の内臣時代にみえる宣旨は二二通、良継が宣者なのが一二通、清麻呂のものが一〇通で、右大臣の清麻呂を越えて内臣の良継が政権を主導していたことがわかる(二宮正彦「内臣・内大臣考―藤原朝臣魚名を主題として―」、『続日本紀研究』九巻一号掲載、一九六二年一月)。
(58)中川收氏は、光仁天皇朝を「藤原挙族体制期」「藤原式家体制期」「藤原北家体制期」ととらえている(「光仁朝政治の構造と志向」、『日本古代の政治と制度』所収、続群書類従完成会、一九八五年一一月、のち『奈良朝政治史の研究』再収、高科書店、一九九一年五月)。
(59)木本好信「藤原魚名の左降事件について」(『龍谷史壇』一三八号掲載、二〇一三年一二月、のち『藤原北家・京家官人の考察』所収、岩田書院、二〇一五年八月)。
(60)木本好信「氷上川継事件と藤原浜成」(『奈良時代の政争と皇位継承』所収、吉川弘文館、二〇一二年三月)。

(61)　木本好信『藤原種継』（ミネルヴァ書房、二〇一五年一月）一二三頁。

(62)　中川收「左大臣藤原魚名の左降事件」（『国学院雑誌』八〇巻一一号掲載、一九七九年一一月）。

(63)　註(59)木本前掲論文。

第三章　奈良時代政治史点描

第一節　長屋王の変と藤原四兄弟の役割
――京職大夫麻呂の役割を中心として――

はじめに

天平元年（神亀六年・七二九）二月に起こった「長屋王の変」、時の政権を掌握していた長屋王を自殺に追いこんだこの政変、その陰謀を企んだ藤原武智麻呂ら四兄弟はそれぞれに連携・協力していたとされる。たしかに『続日本紀』天平元年二月辛未（十日）条には、「式部卿従三位藤原朝臣宇合、衛門佐従五位下佐味朝臣虫麻呂、左衛士佐外従五位下津嶋朝臣家道、右衛士佐外従五位下紀朝臣佐比物らを遣して六衛の兵を将て長屋王の宅を囲ましむ」とあり、また同月壬申（十一日）条には、「一品舎人親王・新田部親王、大納言従二位多治比真人池守、中納言正三位藤原朝臣武智麻呂、右中弁正五位下小野朝臣牛養、少納言外従五位下巨勢朝臣宿奈麻呂らを遣して、長屋王の宅に就きてその罪を窮問せしむ」とみえていて、武智麻呂と宇合の二人に関しては具体的な行動をしることができる。

まず宇合の役割については、長屋王邸内に帯刀資人・資人・帳内ら四〇〇人がいることを想定するならば、「長屋王の機先を制し、その邸宅を六衛府（中略）の兵士で包囲するということの成否は、長屋王を邸宅内に押しこめるだけでなく、行動の自由を奪い、長屋王派官人との連絡を遮断し、さらに武智麻呂らによる邸宅における糺問を意のままにすすめ、長屋王を自殺に追いこむうえにおいても事件の結果を左右するものであった(1)」のであり、令制五衛府の次官である佐らを統率しての宇合の行動は大きな意味をもっていた。

また武智麻呂の役割は、長屋王の罪の追及であったが、変の中心にいたと思われる。舎人・新田部両親王の参加は、無罪である長屋王を下僚の中納言である武智麻呂が追及するうえで有利にすすめるために、長屋王の叔父である両親王を担ぎだしたにすぎないものであり、小野牛養と巨勢宿奈麻呂は帯任職を考えれば、窮問に際しての事務的な職掌柄から参加していたものと推考される。よって、実質的な窮問は多治比池守と武智麻呂の二人によって行われたものと推測されるが、その急先鋒は武智麻呂であったに違いない。ここで長屋王を追いこんで目的を遂げなければ、かえって誣告への関与を問われて権力闘争に敗れることになるから、武智麻呂は必死であった。つまり、「六衛府の兵士でもって長屋王を自邸に包囲し、外部と遮断したなかでの追及は、事実の解明や罪状の認否に目的があったわけではない。無実の罪を長屋王に認めさせる強要の場にすぎなかった(2)」のであるから、やはり陰謀の中心に武智麻呂のいたことは間違いない。

一　房前の動向

しかし、残る房前と麻呂については、この事件に関してどのような行動をとったかについて『続日本紀』をはじめ史料には直接的な記事はみえない。けれども、麻呂については間接的な記事を併用して具体的な行動を明らかにすることができるが、この詳細は次項で述べることにして、まず房前について該述してみよう。

房前については、野村忠夫氏が、「藤四子体制」の中心にいたものの、実力者ゆえに隠れていたとする(3)。しかし、房前が隠れなければならない理由はないし、この時に精強な衛府である中衛府長官の中衛大将であった房前が、宇合の役割にもっとも適任のはずであるのに、その行動がしられないのは不思議議である。これには、中衛大将として中衛本来の職掌である内裏を守護する大命を果たしていたからだとする理解がある(4)。しかし、上述のように、このような記述は『続日本紀』には一切みえないし、長屋王が無実であったことから聖武天皇に危害を加えることのないことはわかりきっているのに中衛大将の房前が聖武を守護する必要があったのか疑問である。また後述するが、その役割は麻呂が負っていたとも思われる。なによりも中衛府の兵士は宇合に率いられて長屋王邸の包囲に動員されているから、内裏・天皇の守護にあたる中衛がいたかは疑問である。

房前については、これらの事実や事件後の論功行賞の叙位でもそうだが、その後も没するまで九年間も昇叙していないこと、武智麻呂が事件後に中納言から大納言へ、そして右大臣に、また一回りも年下の宇合・麻呂が天平三年八月に二人して参議に昇格しているのに対して、養老元年(霊亀三年・七一七)十月に「参議朝政」に登用されてから没するまでの二〇年間も参議のままで中納言に昇格せずに放置されていたこと、また中務卿から民部卿に降格され、中衛大将も解任されたことなどを併考して、房前は武智麻呂・宇合・麻呂とは距離をおいていて、この事件には積極的に関与しなかったのではないかと考えられる。

このような事実を前提にして、かつて著者は、元正天皇の信任をもとに皇親政治を進める長屋王に協力する房前に対して、藤原氏主導体制の成立をめざす武智麻呂は政治的に乖離しており、長屋王政権を打倒することによって房前をも制して、不比等のあとを継業して藤原氏の代表者としての地位を不動のものにしたと論じたことがある(5)。もちろん、武智麻呂らの主目的は、長屋王を除外することにあったのであるが、光明子の生んだ基王が夭折したことをうけて、聖武後のことを視野に、有力な皇位継承候補者となりうる長屋王と吉備内親王との間に生まれた膳夫王をも排除することであった(6)。

ただ、このような拙論に対して反論も出されている。武智麻呂がひとり大納言に昇格したのは、長屋王の欠員補充だけの意味であり、この頃には武智麻呂嫡子の豊成と房前の娘との間に縄麻呂が生まれており、豊成の弟仲麻呂とやはり房前の娘袁比良が結婚していることから、武智麻呂と房前の対立はなかったとし、さらに房前の昇叙がないのは、すでに従三位であって、それ以上の賜叙ができなかったためとする。(7)また、参議からの昇任についても、太政官の正員である中納言以上への任用は一氏に一人という大宝律令以前の遺制による制約があったからだとする。(8)とはいっても、武智麻呂は天平六年正月に従二位に昇っており、同三年八月には宇合・麻呂が正員化していた参議となって太政官内に藤原氏が四人も在任していたことを勘案すると、この指摘は必ずしもあたらないものと愚考する。

それでも、なお武智麻呂らと房前が政治的に乖離していたとする拙論を首肯する論説は少ない。たとえば、最近では倉本一宏氏が、「この時期における武智麻呂と房前が別個の政治勢力として対立していたとは考えていないので、四子全員による藤原氏の全体の利害を考えての陰謀であったという従来説が正しいと思う(9)」としている。このように房前が、武智麻呂らと乖離せずに、四兄弟の中心的存在であったとする理解が、著者からすれば然るべき実証的論拠なしに説かれるのには、やはり野村氏と同じように房前が養老元年十月に長兄の武智麻呂に先んじて「参議朝政」に任じられて太政官に参画したことや、同五年十月に元明太上天皇から長屋王とともに後事を託す詔を受けたうえに、その一〇日後には元正から「内外を計会ひ、勅に准へて施行し、帝の業を輔翼けて、永く国家を寧みすべし(10)」とのことを職掌とする内臣に任じられて、中臣(藤原)鎌足を意識させる存在であったことが影響しているのではないかと思う。

このような内臣就任などによる房前重視説については、かつて「藤原房前像の再検討(11)」なる小論で詳細に検証のうえ否定して、房前の虚像を明らかにしたので、ここでは簡略に紹介する。まず、房前の武智麻呂に先んじる「参議朝政」への任官についてである。これは一氏一人が原則で二人以上の連任が認められていなかった太政官人事に苦慮した不比等が、自身の没後には嫡子である武智麻呂の正員である中納言への補任が当然なことを前提に、さらに藤原氏繁栄のために房前をも太政官に参画させようとはかったものである。つまり、生前の権勢のある時に、この当時は「参議朝政」が正員ではなかったことを理由に、房前の登用を強行した結果であることを思えば、やはり不比等の後継者は武智麻呂であり、不比等が武智麻呂よりも房前に期待していたなどとの妄説は霧消する。[12]

つぎに内臣に関してである。内臣の具体的な職掌は、元明・元正が房前に長屋王との協調体制を構築することを要請し、元明死後の政治動揺を抑止しつつ、元正から首皇太子への皇位継承を確実にすることを期待したものであった。しかし、房前が内臣の職掌を果たした痕跡は『続日本紀』には一切みえないし、大山誠一氏も、房前は参議のままで内臣を称したこともなく、鎌足のように事実として帝業を輔翼したこともないとする。[13] 三〇歳になろうとする聖武にとって、元明が元正のために配慮した房前の内臣機能はすでに必要なく、早くにその任を終えてしまっていたのである。[14] その時期の明証はないが、おそらくは内臣という職掌的な近似性から考えて、天平元年九月の中務卿就任時であった可能性が高い。このように房前は、長屋王の変に際して武智麻呂・宇合のように長屋王打倒の具体的な役割を何も果たしてはいないのである。

二　麻呂と天平改元

それでは、つぎに麻呂の長屋王事件での役割と行動についてである。麻呂が具体的にどのような働きをしたのかについては、房前と同じように『続日本紀』には一切記事がない。しかし、記事がないからといって、麻呂が房前と同じように何も行動しなかったということではない。事件後の論功行賞では、昇叙しなかった房前と相違して麻呂は従三位に昇っていることから、何かしらの尽力のあったことが想定される。

長屋王事件は、『続日本紀』天平元年二月辛未(十日)条に、「左京の人従七位下漆部造君足、(・カ)無位中臣宮処連東人ら密を告げて称さく、左大臣正二位長屋王私かに左道を学びて国家を傾けむと欲とまうす」とみえるように、君足と東人の密告にもとづくものであった。君足は「左京の人」とある。「左京の人」が東人までかかるとすれば東人も「左京の人」となる。「養老獄令」告密条には、告発する者はみな当処の長官を経るものとの規定がある。つまり、君足らの密告を受けたのは左京大夫の麻呂であったはずである(15)。中川収氏は、密告者への褒賞の格差からして、その主体は東人であり、密告者となった東人の証人として君足が太政官に同行したものと推測している(16)。

しかし、この密告は『続日本紀』同十年七月丙子(十日)条から、誣告だということがわかっている。「養老獄令」告言人罪条には、虚言を防ぐために真偽を三回審査し、謀反以上の告言の場合は虚言であれば反坐として斬罪に処すと規定されていた。よって、東人らの密告は、麻呂から身の安全を確約されたものであった思われる。密告がなされたその日のうちに、太政官の議定を経て聖武の裁可をうけて、三関の固守が命じられ、宇合らが六衛の兵士を率いて長屋王邸を包囲するなどした迅速な行動をみると、この密告の真偽が麻呂によって時間をかけて慎重に審査されなかったことは明白であって、これらの事実を考慮すれば、密告の首謀者がほかならぬ麻呂であったに違いないと断言することができる。

長屋王の政変後の神亀六年(天平元年・七二九)六月、左京職が背に「天王貴平知百年」との文字のある亀を献上し、これをうけて『続日本紀』天平元年八月癸亥(五日)条に、「京職大夫従三位藤原朝臣麻呂らい、図負へる亀一頭献らくと奏し賜ふに、(中略)御世の年号改め賜ひ換へ賜ふ」とあるように神亀から天平に改元したが、この改元のきっかけは麻呂であった。この亀を捕獲したのは麻呂の管轄下にある平城京に住まいする者ではなく、河内国古市郡の賀茂子虫で、この子虫を教導して献上させたのは、かつて不比等に優遇されていて宇合の知人でもある唐僧道栄であった。そして、この改元直後の同月十日に光明子を皇后に立てている。

これらの事実を併考すると、瑞亀の献上による天平への祥瑞改元の背景には、長屋王時代を意識する元号の神亀を止めて、光明子を皇后に立て、外戚である藤原氏政権の成立を象徴する意図があったと推考される[17]。麻呂は、養老・神亀・天平と三度つづけて改元の理由となった祥瑞に関与していることから、天平の改元を企んだのは麻呂であったといえよう。麻呂は東人らの密告や瑞亀献上による改元など、長屋王の打倒や光明立后という武智麻呂を中心とする藤原政権の成立につながる重大事に際して、どちらかといえば裏方ではあるが重要な役割を果たしているのである。

三　麻呂と京職

さらに麻呂の長屋王事件での役割として、史料にはないが注視したいのが、京職大夫としての職掌に係わることである。京職大夫は、戸口・僧尼の名籍、百姓の字養、訴訟などを掌っているが、それ以外にも職務は多岐にわたり、宮城や京中の警備、非違の検察のための兵士である「京職兵士」をも管掌する権限を有していた。かつて著者は麻呂が長屋王の事件に際して京中での騒擾を京職大夫として抑止する働きを果たしていたとする見解を考述したことがある[18]。

長屋王事件にあたっては、宇合が六衛の兵士を動員して長屋王宅を包囲している。六衛府の兵士数は併せて二〇〇〇人余であるが、この時に動員された兵士数は判然としない。長屋王邸内には、前述のように帯刀資人一〇人をはじめ、長屋王・吉備内親王夫婦の資人・帳内を合わせて四〇〇人前後の人びとがいた可能性があり、この人数を邸内に押しこめるということになれば、宇合としても相当数の兵士を動員していたはずである。六衛の兵士が長屋王邸包囲に動員されたとすると、当然のように宮城をはじめ京内の警衛が手薄になることは必定である。

ましてや一番の権勢者である長屋王が謀反の疑いをうけ、邸宅を兵士で包囲されたという状況に加えて、長屋王の与党として配流された上毛野宿奈麻呂ら七人をはじめ、原免されたとはいえ九〇人ほどが長屋王派として一時拘束されている。武智麻呂らはこれらの官人による長屋王加勢の動静にも備えていたであろう。また長屋王に与する奸党、賊悪を除滅することを国司に命じていることからすると、京中での騒擾への対策や、後述のように宮城守衛にも長屋王邸に動員された六衛の兵士を補うことの対処を当然のように考慮していたと考えられる。そして、これに対応したのが「京職兵士」を管掌する麻呂であったと思われる。

それでは「京職兵士」の実態とはどういうものであったのだろう。京内には軍団がないので、京内の兵士は、「養老職員令」左京職条にあるように京職が管掌するが、天平五年の「右京計帳」[19]には、右京八条一坊に住む戸主国覔弟麻呂の戸口で課口四人のうちの一人が「兵士」であったことがみえており、京戸から造計帳時に雑徭として簡点徴兵していたことがわかる。ただ、その内実は軍団兵士と同じで、大和国からの兵士も加わり編成されていたらしい。これは造宮・造寺などで京内の人びとへの労働負担が増大したことによって、京内での徴兵が困難になったことや、同五年五月から宮城を守衛する衛士が停止されたこともあって、兵士が不足していたからであった。

よって、養老二年十一月からは畿内国の軍団兵士が京職に上番して京職兵士として加わっていた[20]。その主要な任務について、中村修也氏は道橋の整備と戸口名籍の管理であり[21]、北村優季氏もあまり武力は期待されていなかったとするが[22]、角田文衛氏は京職の詰所に勤務し[23]、松本政春氏は宮城辺の守衛にあたっていたとする[24]。ただ、市川理恵氏はあくまでも京内を守衛し、治安維持を担っただけで、宮城の守衛は衛士の任務だとする。[25]

そこで『類聚三代格』巻一八、軍毅兵士鎮兵事の延暦二十年（八〇一）四月二十七日の太政官符をみると、「尋常には則ち宮城を衛護す。管内を巡りて非違を糺し、□人を捜して囚禁を守る」とあり、「延喜左右京職式」にも、「凡そ宮城辺に便を量って立鋪し、兵士廿人番を為して守衛す」とみえている。最近では菅崎ひとみ氏が詳細に検討して、武器不携帯説を排して「京内の施設の警備や治安維持につとめて」と軍事的な武力だと主張するように[26]、「京職兵士」の治安維持としての軍事力は重視されてよい。もちろん、これ以外にも「京職兵士」には伊勢幣帛使・伊勢斎王の下向時や賀茂斎院の前駆、蕃客入朝時の館東門の禁衛などの職務がみえている。

それでは「京職兵士」の定員はどれだけだったのか。この時のことは不明で、のちのことになるが先の『類聚三代格』にみえる延暦二十年の太政官符には、左右京職で各二四〇人の併せて四八〇人の兵士を動員することを命じた旨がみえる。麻呂の管掌する「京職兵士」も同数程度であったと考えられる[27]。これらの「京職兵士」は、京職のもとでの訓練はないが、大和国内の軍団で武芸訓練されていて武力能力は保持していた[28]。このように養老二年十一月に畿内国の軍団兵士を加えて「京職兵士」が拡充された理由については、行基集団の活動に起因する政情不安に対するものとの説[29]があるが、松本氏は、同二年七月に京職の史生が各四員増員されていることから考えて、職務量の増大にともなうものであるとする[30]。

しかし、京職の職務量の増大と「京職兵士」の任務とは直接結びつかないような気がする。この前年の養老元年三月には左大臣石上麻呂が没して、政権当初には一〇人いた太政官メンバーも徐々に没するなどしたが補充されずに、この時には右大臣の藤原不比等と中納言の阿倍宿奈麻呂の二人だけとなる危機的な状況にあった。十月に房前を参議朝政に任用したが、これは正員職ではなかったから、太政官の体裁が整うのは同二年三月の大納言への宿奈麻呂の昇任と長屋王の就任、中納言への多治比池守・巨勢祖父・大伴旅人らの任用を待たなければならなかった。このような不比等政権の情勢を反映した政治的危機に対応した施策であったといえよう。

おわりに

いずれにしても、京戸からの簡点兵士と畿内軍団からの上番兵士でもって編成され、軍団で訓練された武力能力を保持する五〇〇人近い「京職兵士」が、本来の京中での警備だけでなく、宮城の衛護の任にもあたっていたのである。このことは内裏の守護には中衛舎人を率いた房前があたっていたという諸説[31]にも疑問を呈することになると思う。六衛府の兵士らの大半が宇合の指揮のもとで長屋王邸の包囲に動員されたことから、長屋王打倒の計画立案のなかで、麻呂には長屋王派官人らによる反乱やそれにともなう宮城の衛護・京中での騒擾に対して、管掌する「京職兵士」でもって対応するという重要な役割をも課せられていたということも看過できない。

註

(1)　木本好信『藤原四子』(ミネルヴァ書房、二〇一三年五月)一〇〇頁。
(2)　註(1)木本前掲書、一〇四頁。
(3)　野村忠夫氏は、房前中心の四人兄弟による政治体制を「藤四子体制」と呼んだが(『律令政治の諸様相』塙書房、一九六八年一月)、ほかに「藤原四卿政権」(彦由三枝子「大納言大伴旅人の薨去と藤原四卿政権の確立過程」、『政治経済史学』二八四号掲載、一九八九年一二月)とか、武智麻呂中心の「武智麻呂政権」と称するものもある(瀧浪貞子「武智麻呂政権の成立」、『古代文化』三七巻一〇号掲載、一九八五年一〇月）。ただ、四兄弟の連携などはなく「藤原四子体制」を否定する大友裕二「『藤原四子体制』の再検討」（『皇学館論叢』四三巻四号掲載、二〇一〇年八月）・「『藤原四子』子女間の婚姻関係」（『政治経済史学』六〇七号掲載、二〇一七年七月）もある。

（4）中川收「藤原武智麻呂と房前」（『古代文化』四五巻八号掲載、一九九三年八月）。のちに寺崎保広『長屋王』（吉川弘文館、一九九九年二月）や最近では倉本一宏『藤原氏』（中公新書、二〇一七年一二月）、佐々田悠「奈良時代の争乱」（『古代史講義』所収、筑摩書房、二〇一八年一月）も同様の見解をとる。

（5）木本好信「藤原四子体制と宇合」（『古代文化』四四巻一号掲載、一九九二年一月）。同様の趣旨のものに「長屋王と『万葉集』」（『国学院雑誌』九〇巻八号掲載、一九八九年八月）、「武智麻呂政権の成立」（『奈良朝政治と皇位継承』所収、高科書店、一九九五年四月）、註（1）木本前掲書などがある。

（6）木本好信「長屋王政権の実体」（『米沢史学』五号掲載、一九八九年三月）。のちに膳夫王の排斥が武智麻呂らの主目的だったとする理解は、中川收氏の「長屋王とその王子たち」（『政治経済史学』三〇〇号掲載、一九九一年六月）を経て、註（4）寺崎前掲書で肯定されて通説化しつつある。

（7）森田悌『長屋王の謎』（河出書房新社、一九九四年四月）一三四頁。

（8）松尾光「万葉集時代の古代宮廷情勢」（『「万葉集」と東アジア』所収、竹林舎、二〇一七年九月）。

（9）倉本一宏『藤原氏の研究』（雄山閣、二〇一七年一一月）一三五頁。しかし、最近になって「房前は長屋王と親しく、武智麻呂・宇合と距離をおいていたと推測する研究者もいる」（山下信一郎「長屋王の変」、『古代史講義【戦乱篇】』所収、筑摩書房、二〇一九年三月）として注視する見解もみえる。

（10）『続日本紀』養老五年十月戊戌条。

(11) 木本好信「藤原房前像の再検討」(『政治経済史学』五六二号掲載、二〇一三年七月、のち『藤原北家・京家官人の考察』所収、岩田書院、二〇一五年八月)。
(12) 高島正人「『中納言』・『参議』の新置とその意義」(『立正史学』五〇号掲載、一九八一年九月、のち『奈良時代の藤原氏と朝政』所収、吉川弘文館、一九九九年七月)。
(13) 大山誠一『長屋王木簡と奈良朝政治史』(吉川弘文館、一九九二年一月)七九頁。
(14) 註(4)中川前掲論文。山本信吉「内臣考」(『国学院雑誌』六二巻九号掲載、一九六一年九月)、渡辺久美「藤原四子」(『史窓』三三号掲載、一九七五年三月)などがある。
(15) 浅野啓介「木簡が語る長屋王の変」(『季刊考古学』一一二号掲載、二〇一〇年八月)。
(16) 中川收「長屋王の変の密告について」(『政治経済史学』四〇〇号掲載、一九九九年一二月)。
(17) 木本好信「藤原麻呂」(『藤原北家・京家官人の考察』所収、岩田書院、二〇一五年八月)。
(18) 木本好信「藤原麻呂について(下)」(『甲子園短期大学紀要』二九号掲載、二〇一〇年三月、のち『藤原北家・京家官人の考察』所収、岩田書院、二〇一五年八月)。
(19) 『大日本古文書』編年文書一巻四九六頁。
(20) 松本政春「京職兵士と軍団」(『日本歴史』八三一号掲載、二〇一七年八月)。
(21) 中村修也「京職論」(『延喜式研究』一〇号掲載、一九九五年三月)。
(22) 北村優季『平安京』(吉川弘文館、一九九五年一二月)一二頁。
(23) 角田文衛「軍団と衛府」(『律令国家の展開』所収、塙書房、一九六五年一月)。
(24) 松本政春「『続日本紀』養老二年十一月癸丑条の解釈―京職兵士をめぐって―」(『奈良時代軍事制度の研究』所収、

塙書房、二〇〇三年八月)。市大樹「畿内衛士考―飛鳥藤原第一二八次調査出土木簡からの問題提起―」(『日本古代のみやこを探る』所収、勉誠社出版、二〇一五年六月)。
(25) 市川理恵「京職の財政構造―八世紀を中心に―」(『古代日本の京職と京戸』所収、吉川弘文館、二〇〇九年四月)。
(26) 菅崎ひとみ「京職兵士に関する考察」(『古代史の研究』二〇号掲載、二〇一七年七月)。
(27) 註(24)松本前掲論文。
(28) 註(20)松本前掲論文。
(29) 新日本古典文学大系『続日本紀』二(岩波書店、一九九〇年九月)森田悌氏執筆。
(30) 註(20)松本前掲論文。
(31) 註(4)前掲論文。

第二節　『続日本紀』の「紀乎麻呂配流」記事についての臆説

はじめに

新訂増補国史大系本『続日本紀』天平勝宝二年（七五〇）四月辛酉（四日）条の末尾には、

又中臣卜部紀奥乎麻呂減配中流。

との簡単な記事が付足としてある。

この記事については、写本によって異同があってまだ本文が確定せず問題が残っている。よって、この記事を検証しつつ、その背景についても考えてみる。

一　記事の検証

新訂増補国史大系本の鼇頭には、底本の谷森健男旧蔵本が「中臣占部」としていたのを、金沢文庫本と「類史」（『類聚国史』）によって「中臣卜部」と改め、「奥」は「直」であろうとし、「乎」は東山文庫本と金沢文庫本によったとしながらも、「類史」は「平」につくるとの注記がある。

一方、村尾元融氏の『続日本紀考証』は、「紀奥平麻呂」との本文に割注して「奥」は「直」であり、永正本は「平」、金沢文庫本は「乎」につくっていると記している。朝日新聞社本も「中臣卜部紀奥平麻呂」として、「卜部」は諸本と「類史」によって、「平」は金沢文庫本によって改めているが、曽我本と淀本は「手」につくると注して、「奥」は「直」の誤りかとする。また今泉忠義氏の『訓読続日本紀』は、「中臣の卜部・紀の直平麻呂」としている。林陸朗氏の『完訳注釈続日本紀』では、「中臣卜部、紀直平麻呂」との条文を掲げ、注で「奥」は新訂増補国史大系本の鼇頭に「或当作直」とあるのを採り、「平」は「乎」「手」にもつくるが、「類史」、谷森本傍書によったと記している。直木孝次郎氏の東洋文庫本『続日本紀』2は、「中臣卜部の紀直平麻呂」とし、さらに『日本古代人名辞典』は新訂増補国史大系本と同じ「紀奥乎麻呂」との項目で採っており、新日本古典文学大系本も『続日本紀史料』九巻下も「紀奥手麻呂」としている。いずれにしても、これらに関係ありそうな人物は群書類従・続群書類従に収められている「紀氏系図」にもみえない(1)。

新訂増補国史大系本の「紀奥乎麻呂」をみてみると、まず「紀」は氏、「乎麻呂」は名、とすれば前後の『続日本紀』記事の人名はすべて氏・姓・名で記されているから、「奥」は名の一字目で「奥乎麻呂」ではなくカバネであると考えられる。紀氏では「朝臣」でなければ「臣」か「直」であるが、この場合は「直」の可能性が高い。『続日本紀』にもほぼ同時代の人物で「紀直浄人」「紀直国栖」なる者がみえる(2)。

つづいて名であるが、「手麻呂」「乎麻呂」か「平麻呂」かである。手麻呂という名、「手」は、「乎」「平」と字画が似ていて間違いやすく、「○手」はあるが「手○○」という用例は『続日本紀』や「正倉院文書」「木簡」などにはみえないので「乎」か「平」の誤謬であろう。

では、「平」か「乎」のどちらであるかだが、「乎麻呂」(「乎万呂」)は、正倉院文書に「写後経所」で写経していた

「古乎万呂」の名が頻出し、ほかにも「出雲乎万呂」や「他戸乎麻呂」があり、木簡でも第一次大極殿院地区西楼から出土したものに「大市乎麻呂」がみえている。一方、「平麻呂」（「平麿・平万呂」）は管見のかぎり確認できない。ただ、「平」と同訓異字の「枚」の「枚麻呂」なら正倉院文書中に「志斐枚麻呂」「神枚麻呂」という名がみえる。実例からすれば「乎麻呂」の可能性が高い。しかし、諸本で齟齬をきたしている場合は、『類聚国史』[3]によるというのも一つの有効な傍証手段であり、新訂増補国史大系本『類聚国史』は「平」と記し、鼇頭には金沢文庫本『続日本紀』も「平」にすると注している。確実な判断は難しいが、ここは一応「乎麻呂」ということにして話をすすめてゆこう。

　つぎに「中臣卜部」であるが、林氏のいうように「中臣卜部、紀直平麻呂」と別のこととするのか、直木氏のいうように「中臣卜部である紀直平麻呂」と解するかである。これもどちらとも判断しかねるが、「中臣卜部」と「紀直平麻呂」が別で二つの語句だとすれば、「中臣」と「卜部」が同じ神祇氏族の呼び名であり、そもそも人名とは思えないし、「中臣卜部」では乎麻呂にはあるカバネがないことからしても、後述するように、直木氏のいうとおり「中臣に率いられた卜部」であり、神祇関係の職掌と理解したほうがより妥当であるように思われる。

二　記事の背景

　まず、「乎麻呂」について考えてみることにする。乎麻呂は中流に減刑されたのであるが、同日条に大赦のあったことがみえており、「但し、死に入る者は一等を降せとのたまふ。また中臣卜部」とつづいているから、遠流から中流に減刑になったというよりも、死罪であったのが減じられて中流の処分となったものと思われる。

そうすると乎麻呂は、どのような罪を犯して、当初死罪に処分されたのであろうか、ということが問題になる。新日本古典文学大系本は、「犯罪の内容は未詳だがあるいは亀卜がかかわっていたか」とする。「集解職員令」神祇伯条には、「凡そ亀を灼き、吉凶を占ふは、これト部の執業なり」とあるから常識的な理解であろうが、どのようなことで亀卜に関わったのかということがわからないかぎり、この実相が解明されたことにはならない。本条の前文には「故殺人と、強盗・窃盗と、常赦の免さぬとは、赦の限に在らず」とあり、前掲の「但し」へとつづいて、「また」とあるから、故殺人とか強盗などのような罪科ではないようであり、やはりここは何か別なこと、どうも政治的なことが絡んでいると考えたほうがよい。そこで乎麻呂がどのような政治的環境にあったのかということが問題解決の糸口になるが、これだけの短い字句のことであるから判然とさせることはむずかしいが、やはり「中臣卜部」とあるのが手がかりとなる。

「中臣卜部」については、神祇官で卜占を行う卜部との関わりが考えられるが、これと同一のものか否かは不詳とするよりほかになく類例もない。よって、林氏は明らかでないとするが、直木氏は前書の注で「卜部は神祇官の伴部で定員は二十人。神祇官に関係深い中臣氏に率いられている卜部を中臣卜部といったか。紀直平麻呂はそうした卜部の一人であろう」との見解を示している。

何ともはっきりしないが、「中臣卜部」ということからして、乎麻呂は神祇に関係深い人物であったことだけはまず間違いないものと推察される。そこで関連して想起されるのが、この頃天平勝宝元年（天平二十一年、天平感宝元年・七四九）から同二年にかけて宇佐八幡神が入京し、東大寺に鎮座したという事実である。宇佐八幡神が託宣して入京の意志を示すのは、同元年十一月十九日のことであるが、これに先だっての十一月一日には、禰宜の大神杜女、主神司の大神田麻呂に「大神朝臣」が賜姓されているから、もうこれ以前からすでに宇佐八幡神の入京のための準備がすすめられていたのである。

十一月二十四日には、参議石川年足・侍従藤原魚名らが迎神使に任じられて、兵士一〇〇人を差発して、路次の諸国に前後の駆除をさせて、国司には殺生・酒肉の飲食を禁断、道路の清掃を命じたりしている。十二月にはいって十八日、宇佐八幡神は平群郡で五位官人一〇人、六衛府の舎人一二〇人の迎えをうけ、宮南の梨原宮に造営された新殿を神宮として鎮座している。そして二十七日には、孝謙新帝・聖武太上天皇・光明皇太后の三人は揃って東大寺に行幸し、百官・諸氏人らを前に大仏造顕の完遂は宇佐八幡神の与力によるところ多大であるとして、一品の位を贈る旨の勅を宣し、杜女には従四位下、田麻呂にも外従五位下に叙すという昇叙の処分を行っている。

朝廷と宇佐八幡神との関係は、すでに天平十七年(七四五)七月から八月頃にかけて、宇佐八幡宮の神職らが東大寺造営に対して米を奉納して中央への積極的な働きかけをしたことから顕著となり(4)、同十八年には聖武の不豫に際して快復祈願を行い、見返りとして八幡神に三位が贈られている。これらのことが認められたのであろう、同二十年八月には祝部の大神宅女と杜女は従八位上から一挙に外従五位下に「得旨叙位」されている。

ところで、なぜこの時期に宇佐八幡神が入京することになったのかというと、聖武・孝謙新帝らを中心とする政府との政治的な関係から派生したことが理由となったに相違ない。東大寺造営については、公卿官人たちのなかでも橘奈良麻呂らのように反対する勢力もあり、これらの政治動向を抑えて宇佐八幡神の与力をえて大仏造顕が推進されていたが(5)、聖武だけでなく孝謙にも強い意志があったものと思われる。のちに孝謙が重祚して称徳女帝となった末期に、周知のように道鏡への皇位継承という国家の大事を宇佐八幡神の託宣に求めていることの事実や、また迎神使に天皇の側近である「侍従」の魚名をあてていることからしても、すでにこの頃から孝謙と宇佐八幡神との間には深い政治的な関係ができていたものと推考される。

孝謙と宇佐八幡神との関係の背景に何があったのかは明らかではないが、いずれにしてもこの時の宇佐八幡神の入京は、大仏造顕への与力とともに孝謙の即位を祝うことにあり、その演出者は、迎神使に年足という藤原仲麻呂のもっとも信頼する有力下僚をもって任じていることから推量すると、時の実力者の仲麻呂であったということができよう。(6)仲麻呂は聖武や光明、そして孝謙の推進する大事業の負託に応えることによって、信頼をえて自分の勢力拡大を意図としていたのであろう。天平勝宝元年七月、孝謙の即位とともに、仲麻呂は、光明の皇太后職を拡大・強化して創設された紫微中台の長官紫微令に就任して権力を掌中にした。この密接な関係をもとに、八幡神の入京を契機として中央に進出してきたのが、宇佐八幡神の神職たちであった。

おわりに

このような天平勝宝元年十一月から十二月にかけての宇佐八幡神の入京という喧騒のなかで、平城京にあっては従来から神祇に関わってきている職掌の守旧的な神祇官官人たちが、このことを企んだ田麻呂ら宇佐の神職たちの行動を必ずしも快しとしていたとは思えない。

もし、この憶測が許されるならば、宇佐八幡神の入京への過剰ともいえる聖武・孝謙はじめ議政官などの対応に、当然のこととして神祇官官人らの反発もあって当然である。「中臣卜部」という神祇に関わり深い職掌に就いていた乎麻呂も、このことに関して批判的であって、それが職掌である亀卜による行動となって、これが、孝謙のもとで権勢の確立をめざしていた仲麻呂の怒りに触れて死罪処分となったのではないか、などと憶測するのであるが、いかがなものであろうか。

註

（1）『続日本紀』天平十二年九月己酉条にみえる藤原広嗣の乱の記事中に、「上毛郡大領紀乎麻呂」とあるが、これは別人であろう。

（2）『続日本紀』天平神護元年十月庚辰条、天平勝宝七歳九月二十八日付「班田司歴名」（『大日本古文書』編年文書四巻八一頁）にみえる。

（3）坂本太郎「類聚国史について」（『日本古代史の基礎的研究』上巻所収、東京大学出版会、一九六四年一月）。木本好信「類聚国史について」（『歴史と地理』七〇五号掲載、二〇一七年六月）。

（4）直木孝次郎「天平十七年における宇佐八幡と東大寺の関係」（『続日本紀研究』二巻一〇号掲載、一九五五年一〇月）。

（5）木本好信『藤原仲麻呂政権の基礎的考察』（高科書店、一九九三年六月）二四五〜二六五頁。

（6）中川收「孝謙朝前期における天皇の政治的役割」（『北海道産業短期大学紀要』四号掲載、一九七〇年一二月）。註（5）木本前掲論文。

第三節　孝謙天皇即位の諸事情
――天平感宝元年閏五月の「聖武天皇勅書」にふれて――

はじめに

静岡県牧之原市大江（旧・榛原郡相楽町大江）に平田寺という臨済宗の仏寺がある。この平田寺には、聖武天皇が天平感宝元年（天平二十一年、天平勝宝元年・七四九）閏五月二十日に発給したという有名な「勅書」が襲蔵されてきている。

「有名」というには、もちろん理由があり、その紙面には聖武自筆の「勅」の一文字と、つづいて左大臣である橘諸兄の「諸兄」、右大臣藤原豊成の「豊成」、そして大僧都「行信」、三人の奉勅の自筆署名があるからである。豊成の自筆は正倉院文書として残っているが、諸兄の自筆はこれ以外にはなく貴重であり、多くの書籍で諸兄に関する記述に際しては掲載されるのが一般であって、著者も『藤原仲麻呂』（二〇一一年七月）や『藤原四子』（二〇一三年五月、いずれもミネルヴァ書房）にも図版として掲載している。この「聖武天皇勅書」について考えるところを述べてみる。

一　「聖武天皇勅書」の検証

ただ、「有名」だとはいっても、この「聖武天皇勅書」そのものについて検討したものは多くない。詳細な検証を加えたものというと、角田文衛氏の「天平感宝元年の聖武天皇勅書考証」くらいのものであろう(1)。角田氏は、この「勅書」を昭和十二年(一九三七)に平田寺で実見したうえで、紙質・書体・押捺の内印、そして副署の諸兄ら三人の考証から、確実に奈良時代のものであり、疑うべき点はないとする。また、『続日本紀』同日(癸丑)条が、この「勅書」の前半と同内容ではあるものの「勅」ではなく、「詔」としていることについて、詔書の性格を帯びつつ、「勅旨」より「勅書」への過渡期にあるからであろうと推測している。

そして、角田氏はさらにもう一点、興味深いことを指摘している。それは孝謙天皇が即位したのが天平感宝元年七月二日であるのに(2)、ここには閏五月二十日の時点で聖武が「太上天皇沙弥勝満」と記されて、すでに孝謙に譲位して太上天皇となっていることである。もちろん『続日本紀』同日条にも「太上天皇沙弥勝満、諸仏擁護して法薬薫質し云々」とある。角田氏は、聖武は閏五月二十日までに譲位して、孝謙は践祚していたが、「諸方面に諒解を求めておくことが必要とされた」ゆえに、七月二日の即位を宣するまで日がおかれたものと推考している。

加えて「温厚なる右大臣・豊成と未だ不惑に達せざる参議・仲麻呂の二人であったこの時」、「藤原氏を生母とする皇太子(孝謙天皇)の践祚は決して自然に運ばるべきではなかった」が、「もし橘宿禰諸兄がいなかったならば、容易に行われえなかったことは、皇后と諸兄との関係から推して自明の理である」と論述している。

たしかに孝謙が践祚しながらも、ただちに即位を宣することをせず、七月二日まで伸びたのには反対する勢力の諒解を必要としたことがあったと思われる。しかし、豊成と仲麻呂の二人だけでは孝謙の践祚がむずかしい状況であって、諸兄がいたからこそ践祚を行うことができたと理解するのはどうであろうか。

二　孝謙天皇の即位と橘諸兄

角田氏は、諸兄と孝謙の母である光明が異父兄妹であることから良好な関係にあったのは自明のことだとして、孝謙の即位は前述のように諸兄がいなければ容易ではなかったといっているのである。しかし、諸兄と光明が異父兄妹であることだけをもって、その政治的関係を論じるには早急にすぎる。

著者は、翻って諸兄らにこそ諒解を求めるために、七月二日まで伸びたのではないかと考えている。また聖武の譲位と孝謙の即位に政治力を発揮したのは、光明の意図を背景に、徐々に政治力を発揮して諸兄をも凌駕してきていた仲麻呂であったとも思っている。

諸兄は、『続日本紀』天平宝字元年（天平勝宝九歳・七五七）六月甲辰（二十八日）条に、「去ぬる勝宝七歳冬十一月に太上天皇不悆したまふ。時に左大臣橘朝臣諸兄の祗承の人佐味宮守告げて云はく、「大臣、酒飲む庭にして言辞礼無し。稍く反く状有り云々」といへり。太上天皇、優容にして咎めたまはず。大臣、これを知りて、後歳に致仕せり」とあるように反意をいだいていた。この謀反とも思われる諸兄の言動は、『万葉集』巻二十・四四五四番歌でもしられるように、息子奈良麻呂宅で諸兄が主催した宴でのことだが、その理由は何であったのか。聖武が病臥していた時だけに、それは孝謙と皇位継承に関わることであったに違いない。そもそも諸兄は孝謙の即位には反対であったのである。それは諸兄には安積親王への期待があったからであろう(3)。安積の母は、県犬養広刀自であって、県犬養三千代を母とする諸兄と安積とは同族である。諸兄と安積との直接的な関係を示す史料はないが、諸兄と安積の別業のある相楽と和束は近い。交流があっても不思議ではない。安積擁立派の中心メンバーである大伴家持が、諸兄を深く尊信し交遊していたことは、『万葉集』巻十九・四二五六、四二八九番歌からも明瞭である。(4)

また、奈良麻呂が佐伯全成をクーデターに誘った時に、「去ぬる天平十七年、先帝陛下、難波に行幸したまひしとき、寝膳、宜しきに乖けり。時に奈良麻呂、全成に謂りて曰はく、「陛下、枕席安からず。殆ど大漸に至らむとす。然も猶、皇嗣を立つること無し。(中略)黄文を立てて君とし」(中略)厥の後、大嘗の歳に、奈良麻呂が云はく、「前歳に語りし事、今時発さむとす(5)」」といっている。

奈良麻呂は、孝謙(阿倍内親王)が天平十年(七三八)正月に立太子して、七年経っても皇太子として認めていない。聖武が危篤状態になった同十七年に長屋王の息子黄文王を立てる目的のクーデター計画が発意されたのは、その皇嗣である孝謙の即位を望んでいなかったからでもあろう。また、安積の亡くなった翌年ということも考えれば、孝謙からの弟の安積への皇位継承が断たれたとのことも決起の主な理由であったのかもしれない。このことから、奈良麻呂の期待は安積にあり、孝謙を皇嗣とは認めていなかったことは明確である。だからこそ、「大嘗の歳」にも孝謙の即位を阻止するためにクーデターを起こそうとしたのである。

この奈良麻呂の天平十七年からの一〇年以上にわたる一連の行動を、父で左大臣であった諸兄がしらなかったわけがないし、諸兄の同意のもとに行われようとしたことは間違いない。現に諸兄は、孝謙の廃位をも目的とする奈良麻呂の変に加わって伊豆国に配流処分となった多治比国人と親交があり、やはり「人の悖る語を聴きて、丹誠を奉らず。同悪に相招かれて、故に蔽匿す(6)」として処罰された山田三井比売島の宅での宴会を主催するなど、比売島との交誼も指摘される。さらに奈良麻呂宅でも反仲麻呂派官人の参加した集宴を何回か開いていることからして、諸兄も奈良麻(7)

呂と同様に、光明・仲麻呂はじめ藤原氏とは反目しており、孝謙即位に積極的に尽力したとは到底思えない。(8)

三　孝謙天皇の即位と藤原仲麻呂

角田氏は、もう一点、天平感宝元年閏五月から七月頃には、いまだ不惑に達せざる参議仲麻呂の政治力では孝謙践祚の実現がむずかしい状況だといっている。これについても著者の見解は異なる。すでに天平十八年には仲麻呂の政治力は諸兄を凌駕していた。この年は三月十日から十一月五日までの八か月間に一九回という異常に多くの補任が行われている。具体的にみると、三月十四日から六月二十一日までの補任が、九月十四日を劈頭として補任しなおされており、諸兄派の官人が閑職へと追いやられて、仲麻呂に近い官人の枢職への登用がめだつ。これはこの年に式部卿に就任した仲麻呂が、直木孝次郎氏もいうように諸兄の政治勢力に打撃を与えることを目的に行ったきわめて意図的な人事である。(9)前年の同十七年に奈良麻呂がクーデターを発意したというのも、このような仲麻呂の台頭を危惧したからでもあろう。

このことからもわかるように、仲麻呂の政治力は光明のバックアップによって徐々に大きくなって、諸兄を圧倒するようになるが、その決定的な出来事は天平二十年三月の太政官の異動である。仲麻呂の兄である豊成が従二位に昇叙されて大納言に昇任し、仲麻呂も正三位に昇っているが、属目されるのは、参議に石上乙麻呂・多治比広足・藤原八束(真楯)・石川年足の四人が登用されたことである。この事実は『公卿補任』にのみみえることで、『続日本紀』にはみえないが、『続日本紀』他条の記事などと比較検討すると事実と確定できる。(10)詳細はここでは述べないが、この四人はいずれも後の政治的動向から推して仲麻呂に近い立場の者たちであることから、仲麻呂の政治力が大きく強化されたことはたしかなことである。

ただ留意したいのは、この孝謙の践祚を仲麻呂が主導したということではなく、その主体的な役割を果たしたのは、光明その人であった。『続日本紀』天平宝字六年六月庚戌(三日)条には、「朕が御祖太皇后の御命以て朕に告りたまひしに、「岡宮に御宇しし天皇の日継は、かくて絶えなむとす。女子の継には在れども嗣がしむ」と宣りたまひて、此の政を行ひ給ひき」とみえて、のちに孝謙自身が、光明の言葉に従って即位したといっていることからしても理解できる。

おわりに

光明は、娘が即位して孝謙となった直後に、皇后宮職を拡大・強化して仲麻呂を長官とする紫微中台を創設する。政治権力は紫微中台に集中され[11]、聖武や孝謙をおいて、光明と仲麻呂が政治を領導する「光明・仲麻呂政治体制[12]」が成立する。これによって、この時期には左大臣諸兄を中心とする太政官は有名無実に等しいものとなる。このことは、光明が政治的には異父兄とはいえ諸兄とは乖離して、甥の仲麻呂と連携して生家藤原氏をも託したということを示していると思う。

註

（1）角田文衛「天平感宝元年の聖武天皇勅書考証」（『律令国家の展開』所収、塙書房、一九六五年一月）。

（2）『続日本紀』天平勝宝元年七月甲子条に、「禅を受けて、大極殿に即位きたまふ」とある。

（3）中川收「称徳孝謙天皇—皇太子阿倍内親王—」（『北海道私学教育研究協会研究紀要』一五号掲載、一九六八年九月）。

（4）木本好信「大伴家持と平城京の政界—政治権力の動向を中心として—」（『万葉古代学研究所年報』五号掲載、二〇〇七年三月）。

（5）『続日本紀』天平宝字元年七月庚戌条。

（6）『続日本紀』天平宝字元年八月戊寅条。

（7）『万葉集』巻二十・四四四九〜四四五一、四四五四番歌。

（8）木本好信「橘諸兄と奈良麻呂の変—諸兄の変への関与—」（『筑波大学日本史学集録』一四号掲載、一九九二年三月）。

（9）直木孝次郎「天平十八年の任官記事をめぐって—天平期政争の一面—」（『夜の船出』所収、塙書房、一九八五年六月）。

（10）木本好信「石川年足と藤原仲麻呂政権」（『奈良時代の藤原氏と諸氏族』所収、おうふう、二〇〇四年一月）。

（11）瀧川政次郎「紫微中台考」（『律令諸制及び令外官の研究』所収、角川書店、一九六七年一〇月）。早川庄八「古代天皇制と太政官政治」（『講座日本歴史』古代二所収、東京大学出版会、一九八四年一一月）。近藤毅大「紫微中台と光明皇太后の『勅』」（『ヒストリア』一五五号掲載、一九九七年六月）など。

（12）中川收「光明・仲麻呂体制の形成」（『国史学』八七号掲載、一九七二年三月）。林陸朗『光明皇后』（吉川弘文館、一九六一年一二月）一七四頁。岸俊男『藤原仲麻呂』（吉川弘文館、一九六九年三月）一一二頁。虎尾達哉「奈良時代の政治過程」（岩波講座『日本歴史』3・古代3所収、岩波書店、二〇一四年九月）。

第四節　称徳・道鏡政権の実態と皇位継承
——奈良時代末期の政治混乱——

はじめに

称徳女帝と道鏡による政権については、いまだ明確な統一評価がなされていないように思われる。中川收氏が「道鏡に対する貴族・官人らの反発は、（中略）結果的に貴族・官人らを抑圧することになって政治機構の既成勢力を掌握できなかった[1]」とし、また佐藤信氏が「皇位をめぐって様々な動きが（中略）相次いで起き、政治的に不安定な状況が続いた[2]」というように理解するのが通説だと思われるが、一方で瀧浪貞子氏は、称徳＝道鏡による共治体制を「支えたのは、永手を筆頭とし、真備や白壁王ら貴族・皇親であった。（中略）この共治体制は、けっして孤立したものではなく、貴族官人社会のなかにその支持基盤を有していた[3]」と記し、通説に反して安定政権だと主張している。また最近になって吉川真司氏は、「藤原仲麻呂をひねりつぶした政治的実力によって、称徳は空前の専制権力を打ちたて（中略）、（和気王や淳仁廃帝らの—引用者注）不満分子の排除は順調に進んだ。（中略）天皇大権は専制君主称徳が掌握しており」として、「空前の専制君主[4]」による政権と認識している。

瀧浪説は別にして、称徳・道鏡政権が不安定であったとする通説に対して、称徳が専制君主であったと相反する評価は、淳仁廃帝・和気王・氷上志計志麿らの皇位継承をめぐる事件が起こった理由を称徳治政の不安定さに求める佐藤氏と、一方これらの事件を鎮圧した称徳の政治力を認めるという判断の相違によるものである。称徳の治政が不安定だから皇位継承をめぐる事件が続発したと理解するのも、これを鎮圧して反対の政治勢力を排除したから、天皇大権を掌握してけっして政情は不安定ではなかったと理解するのも、妥当なものであると思われる。

称徳・道鏡政権の評価をくだすのに際して、これらの皇位継承をめぐる事件を、どのように判断するかがむずかしいが、とはいっても瀧浪氏も、称徳の重祚によっての最大の課題は皇太子を立てることであったはずであるというように、皇位継承問題は称徳・道鏡政権の評価には避けてとおれない問題であることはたしかなことである。よって本小論では、さらに詳細に称徳の皇位継承をめぐる事件を検討することによって、著者なりの視点でもって称徳・道鏡政権を再評価してみようと思う。

ただ、皇位継承のみでは相反する評価がなされていることから水掛け論に陥る危険性もあり、それを著者なりに克服する論点として叙位・補任状況を中心に官人動向を分析し、かつ孝謙女帝時代に比べても多い祥瑞に注視した結果(5)を再考することによって、結論の傍証としたいと考える。

一　皇位継承をめぐって

1　淳仁天皇の追放

天平宝字八年(七六四)十月九日、孝謙太上天皇(以下、称徳天皇と記す)は数百の兵士を率いた和気王らを派遣して、淳仁天皇の住まいする中宮院を囲ませ、ただちに淳仁を連行、図書寮西北の地で帝位を剝奪して親王に貶めて淡路国に追放することを宣言した。淳仁は母の当麻山背らとともに、藤原蔵下麻呂らによって淡路国に衛送のうえ国府の一院に幽閉された。称徳は、淳仁が六〇〇〇の兵を動員したうえで、精兵でもって押し入って自分の殺害をはかったとの廃帝理由をあげ、かつて父帝の聖武天皇が自分への譲位時に「王を奴と成すとも、奴を王と云ふとも、汝の為むまにま(6)に」といわれたことがあったとして正当化している。この廃帝理由についてはにわかに信じがたいし、聖武の発言についても「かく在る御命を朕また一二の竪子等と侍りて聞きたまへて在り」として、聞いていたのは自分だけではなく竪子らも聞いていたとわざわざ断っていることからしても、真実かどうか疑わしい。

いずれにしても、三二歳の男帝が追放されて、四七歳という若くはない独身女帝が重祚したことは、藤原仲麻呂（恵美押勝）の内乱後の動揺も影響して、政界のみならず社会的にも不安定化をもたらした。ことに佐藤氏が「政界の底流では、次の皇位継承をめぐって様々な動きが起こった(7)」と論じたように、公卿官人らによる皇太子擁立を要因とする政治動揺が広がり、これに道鏡という例のない僧の政治的重用が拍車をかけており、称徳はこのような政治混乱の鎮静化に必死になっている。

『続日本紀』天平宝字八年十月丁丑（十四日）条には、このことを示す「人人己がひきひき此の人を立てて我が功と成さむと念ひて君の位を謀り、窃に心を通はして人をいざなひすすむこと莫かれ」とみえ、称徳没後のことも考えて諸氏族による新皇太子の擁立をめぐっての策謀が渦巻いていたことがわかる。

これらの動向に対して、称徳は同日条で、

諸奉侍る上中下の人等の念へらまく、「国の鎮とは皇太子を置き定めてし心も安くおだひに在り」と、常人の念ひ云へる所に在り。然るに今の間此の太子を定め賜はず在る故は、人の能けむと念ひて定むるも必ずしも在らず。天の授けぬを得て在る人は、受けても全く坐す物にも在らず、後に壊れぬ。

として、皇嗣について不安をもつ多くの公卿官人の早く皇太子を立てるべきだとの意見を否定している。これは皇太子を立てることによって、皇権が分裂して自身の皇権が制約されるとともに、道鏡への譲位をすでに思っていたとすれば、このことにとって不都合であったとの理由も考えられる。

しかし、このような称徳の命令によって皇位継承をめぐる騒動が収まったかというと、実はそのようなことはなく、『続日本紀』天平神護元年（天平宝字九年・七六五）三月丙申（五日）条にも、

詔して曰はく、天下の政は、君の勅に在るを、己が心のひきひき、太子を立てむと念ひて功を欲する物には在らず。然れども此の位は、天地の置き賜ひ授け賜ふ位に在り。故、是を以て、朕も天地の明らけき奇しき徴の授け賜ふ人は出でなむと念ひて在り。猶今の間は、明らかに清き心を以て、人にもいざなはれず、人をもともなはずして、おのもおのも貞かに能く浄き心を以て奉仕れ。

とみえるように、半年後になっても一向に収拾がつかない状況になっていたことがわかる。このような権力の獲得を目的とする公卿官人たちの皇太子の擁立をはかる蠢動に対して、称徳は鎮静化に必死だったという実情を勘案すれば、吉川氏の主張する「称徳の専制」という判断には疑問を感じざるをえない。

そして、称徳をさらに焦燥させていたのが、このような諸公卿の皇太子擁立運動が、自分の皇位を脅かすことになるとの危機感ではなかったかと思う。それに対して称徳は、『続日本紀』同日条に「王臣の中に、心を執ること貞浄ならむ者は、私の家の内に兵器を貯ふべからず。その有てる所は皆官に進れ。また、伊勢・美濃・越前は是れ守関の国なり。その関国の百姓と、余国の有力の人とは、王臣の資人に宛つべからず。如し違犯すること有らば、国司・資人、同じく違勅の罪に科せむ」とみえるように、王臣らの武器所有の禁止、三関国の百姓や諸国の有力人を資人に用いることを禁止している。これは皇位継承にからんで王臣の武力による決起を恐れた措置であることは明らかであり、またそのような諸公卿の具体的な蠢動もあったものと推考することができる。

2　和気王の事件

そして、この称徳の危惧が現実となったのが和気王のクーデター未遂事件であった。その概要が『続日本紀』天平神護元年八月庚申(一日)条にみえている。

従三位和気王、謀反に坐せられて乃ち誅せらる。(中略)復己が先霊に祈り願へる書を見るに云ひて在らく、「己が心に念ひ求むる事をし成し給ひてば、尊き霊の子孫の遠く流して在るをば京都に召し上げて臣と成さむ」と云へり。復「己が怨男女二人在り。此を殺し賜へ」と云ひてあり。(中略)時に皇統嗣無くして、その人有らず。而して紀朝臣益女、巫鬼を以て著れて、和気に幸せらるることを得たり。(中略)参議従四位下近衛員外中将兼勅旨員外大輔式部大輔因幡守粟田朝臣道麻呂、兵部大輔兼美作守従四位上大津宿禰大浦、式部員外少輔従五位下石川朝臣永年等、和気と善くして数その宅に飲む。道麻呂、時に和気と密語す。(中略)是に、人士、心に疑ひて、頗るその事を泄せり。(中略)伊豆国に流す。山背国相楽郡に到りて、これを絞りて狛野に埋めり。また、益女を綴喜郡松井村に絞る。(中略)道麻呂を飛驒員外介とす。(中略)月を積み日を余して、並に院中にして死ぬ。(中略)大津連大浦を日向守とし、その位封を奪ふ。従五位下石川朝臣永年を隠岐員外介とす。任に到りて数年にして自ら縊りて死ぬ。

和気王は天武天皇の皇孫で、舎人親王の一子である御原王の息子であり、舎人の六子である淳仁廃帝の甥にあたる。この頃の有力な皇嗣としては、『続日本紀』天平宝字元年四月辛巳(四日)条に、「宗室の中、舎人・新田部の両の親王は、是れ尤も長なり」とあるように、新田部の息子塩焼王と聖武皇女の不破内親王との間に生まれた氷上志計志麿・川継兄弟とともに、舎人系の和気王も期待される存在であった。舎人系の諸王の多くは、淳仁の追放とともに和気王の叔父である船・池田王らも配流になるなどしていたから、和気王はそれらの諸王の帰京と、何より「己が怨男女二人在り。此を殺し賜へ」とあるように、称徳と道鏡の殺害を企てて舎人系の復活をもくろんだのである。

　この事件について、北山茂夫氏はでっち上げたものであるとする(8)。けれども、「祈り願へる書」に称徳と道鏡の殺害が記してあったというから、まったくのでっち上げであるかどうか疑問である。沢野直弥氏は和気王にその意志があったことは否定できないとし(9)、中川氏は詳細な考察を加えて、軍事力を行使するようなものではないが、称徳と道鏡の呪殺を企てたものではあるとの結論を示している(10)。

　そして注目されることは、和気王とともにこの謀略に加わっていたのが、粟田道麻呂・大津大浦・石川永年らであったことである。中川氏は和気王を中核に結集した少数の同僚的集団であったとするが、道麻呂は、議政官である参議に就いており、仲麻呂との闘争で勝利を決定づけた称徳の軍事基盤である近衛府の員外中将、そして称徳の意思を反映させるために創設した勅旨省の員外大輔と、また式部大輔という枢要職を兼官し、大浦も重要職の兵部大輔を帯任していることから、称徳の側近中の側近ともいえる者たちであった。それだけにこの裏切りに称徳の衝撃は大きかった。伊豆への配流と決まっていた和気王を、平城京を出たばかりの山城国相楽郡狛野で絞殺して埋めるという陰惨な行動にでているのは、中川氏もいうように、称徳が皇嗣問題に神経質になっていたことを示している。このような称徳のヒステリックな行動は、裏をかえせば称徳自身の皇位・皇権への固執と、そのことを危うくする動向に恐怖心すら感じるような現状にあったことが要因だと思われる。

3　淳仁廃帝の暗殺事件

　そして、この和気王事件の二か月後に起きたのが称徳による淳仁の暗殺事件である。和気王の事件が称徳の危機感を煽ったのであろう。『続日本紀』天平神護元年十月己卯(二十一日)条には、淡路公、幽憤に勝へず、垣を踰えて逃ぐ。守佐伯宿禰助、掾高屋連並木ら兵を率ゐてこれを邀る。公、還りて明くる日に院中に薨しぬ。

とみえている。一年間に及ぶ幽閉に耐えかねて逃亡しようとした淳仁を国守の佐伯助が「邀る」、つまり抑止しようとしたとあるが、これは先帝の死の様相に関わることから『続日本紀』が用語に配慮した結果であって、その実は追撃したことで瀕死となった淳仁が翌日に没したというのが真相であろう。この間の事情には後述するような称徳による謀計があったが、それまでには紆余曲折があった。

淳仁は前年十月に淡路国に追放されているが、これまでにも幾度か脱出をはかっていたらしい。『続日本紀』天平神護元年二月乙亥(十四日)条には、

淡路国守従五位下佐伯宿禰助に勅したまはく、風に聞かく、「彼の国に配流せる罪人、稍く逃亡を致せり」ときく、事、如し実有らば、何を以てか奏せぬ。汝、朕が心を簡ひて、往きて彼の事の動静を監て、必ず早に奏すべし。また聞かく、「諸人等、詐りて商人と称りて、多く彼の部に向ふ。国司察らずして、遂に群を成す」ときく。今より以後、一切に禁断せよとのたまふ。

とある。「稍く」とは「次第に、徐々に」との意味であり、二月以前にも、そして十月にも逃亡したのであるから、幾度か逃亡を繰りかえしていたのである。助はこの事実を報告せず、また平城京から商人と偽って淳仁のもとに群をなすくらい官人が訪ねて来ているのを看過していることも叱責され、以後は禁断するように厳命されている。下国である淡路国司は令制では守・目のみで、置かれているはずのない掾官がこの時に置かれていたことも、称徳が淡路国での淳仁の行動に留意していたことの証である。

また『続日本紀』天平神護元年三月丙申(五日)条には、「有る人は、淡路に侍り坐す人を率て来て、さらに帝と立

てて天下を治めしめむと念ひて在る人も在るらしとなも念す。（中略）何ぞ此の人を復立てむと念はむ。今より以後には如此く念ひて謀ること止めよと詔りたまふ大命を聞きたまへと宣る」ともある。二月乙亥と三月丙申の両条を併考すると、淳仁のもとに来ていた多くの官人は、平城京にあって淳仁の復位を策して蠢動していたグループの者たちであり、復位にむかっての連絡・打合せのために淡路国に通っていたのであり、幾度か逃亡をはかった淳仁は、これら官人との談合をうけて平城京か自身の安全が確保されるところへ逃亡しようとしていたものと思われる。

淳仁が廃帝とされた理由は、前述のように六〇〇〇の兵士を徴発し、精兵でもって称徳を撃ち滅ぼそうとしたということで、これはもちろん捏造であったが、少なくとも廃帝にする理由としては現実味があったのだろう。よって、淳仁が淡路国を脱出して復位のために称徳を打倒する手段として兵力の動員は当然考えられていたものと推考される。当時の称徳は中川・佐藤説のごとく、公卿官人を掌握できずに政治的に不安定であったことからして、淳仁が帰京して復位派勢力の決起が誘因となって政情が大きく変化することの可能性は少なくなかったと推察される。

淳仁の監視を命じられていた助が、淳仁に対して緩慢な態度であったのをはじめ、淳仁復位派官人の淡路国往復を看過していた途次にあたる紀伊国司、そして助と同じように淳仁の追放当日や翌日に淳仁監視を目的に補任された摂津大夫をはじめ、和泉・播磨・阿波国など淡路周辺国の国守が、称徳の厳命があったものの、淳仁や淳仁復位派官人の動向を認識しながらも禁制を加えなかったのは、官人の面従腹背的なものが躊躇させていたのであって、それだけに淳仁復位派の挙兵をも想定した反攻計画が現実味をおびていたといえる(11)。

このような政情をうけて、称徳は紀伊国玉津島への行幸を計画する。この時、称徳は装束司・次第司以外に、いつもの行幸ではみられない騎兵司を任じている。騎兵司は聖武が天平十二年（七四〇）十月の「藤原広嗣の乱」時の東国行幸に際してとくに任じたものであった。よって、この武威をはっての行幸は、重祚を契機に大嘗祭の一、二か月前に玉津島の神に身の安全と皇統の安泰を祈るためのものでもあったが[12]、その真意は笹山晴生氏のいうとおりに、紀伊・淡路両国方面の不穏な動向を制圧して淳仁に精神的な圧迫を加えることを意図としたものであったと思う[13]。中川氏は行幸の情報が淳仁に届いていたかどうかは疑問であり、淳仁の逃亡は、厳重に監視されている状況に耐えきれなくなったからであるとする[14]。

しかし、商人と偽った官人が群をなすほど淡路に来ていたことを考えれば、淳仁が称徳の行幸をしらなかったということはないし、反攻的行動が企てられていたとみるのが妥当である。称徳の紀伊行幸は九月から準備されていたことであったから、この間隙をついて平城宮を制圧する計画実行のための淡路からの脱出であった可能性もある。

二か月前の和気王事件の結末をみれば、政治体制が一向に安定しないことへの焦りと、自身の皇位を危うくする皇嗣をめぐる公卿官人の動向から、称徳が異常ともいえる厳しい措置をとっても不思議ではない。直木孝次郎氏が、『続日本紀』条文の「汝、朕が心を箘ひて」とは、淳仁に対して厳しく監視せよといっているだけでなく、「朕の不安を消すために、非常の手段を取れという意味ともとれ、(中略)目と鼻のさきにみえる淡路に使を送って佐伯助に決断を促し」たとして、称徳による淳仁の暗殺を主張していることも[15]、『続日本紀』天平神護元年十月甲申(二十六日)条の淳仁没死直後の行幸帰途の「和泉国日根郡深日行宮に到りたまふ。時に西の方暗瞑くして、常に異なりて風ふき雨ふる」との記事を勘案すると、真実味がでてくる。

深日の西方というと、大阪湾を挟んで淡路島が間近であり、そこに暗雲がたちこめて異常な風雨があったというのである。これは正史にみえる怨霊に関する初出記事で、憤死した淳仁の怨みを暗示するものであろう。『続日本紀』の編纂責任者である藤原継縄は当時三九歳、従五位上の位階にあった。行幸に陪従していたかどうかわからないが、その事情はよく承知していたに違いない。『続日本紀』がとくにこのような記事を載せたのには、称徳による淳仁の暗殺という陰惨な事実を黙示する意図があったのではないかと思う[16]。

称徳が、和気王そして淳仁廃帝らによる皇位継承をめぐる騒擾を鎮圧したことによって、中川氏は「皇嗣問題は沈黙させられるという結果をもたらした[17]」とされる。たしかにこれ以降はしばらく皇嗣をめぐる騒動は起きてはいない。有力な新田部系では道祖王が橘奈良麻呂の変で、塩焼王が藤原仲麻呂の内乱で、舎人系でも淳仁と和気王が没死、淳仁の兄ら船王が隠岐国、池田王が土佐国に、三島王・守部王らも丹後国や伊豆国に配流となっていて[18]有力な皇嗣が少なくなっていたこともあるかもしれない。けれども皇嗣問題が基本的に解決したわけではないから、皇位継承をめぐる争いはただ奔流とはならなかっただけであって、底流はみられたのである。

4　聖武天皇遺子事件

そのひとつの変事が、淳仁憤死の四か月後に出来している。『続日本紀』天平神護二年四月甲寅(二十九日)条に、

一の男子有り、自ら聖武皇帝の皇子にして、石上朝臣志斐弖が生む所と称す。勘へ問ふに、果して是れ誣罔なり。詔して遠流に配したまふ。

とみえるように、聖武の遺子と称する男子が現れたという騒動である。勘問の結果、これを偽りと断定し、その男子は遠流に処せられている。しかし直木氏は、遺子の母である「志斐弖という女性はわからないが、本当は誣罔であったのか、本当は聖武の胤であるのに、称徳・道鏡政権の安定を害するものとして、黒い霧の中にかくされたのではなかろうか」と論じている[19]。直木氏が理解するように、文武天皇の後宮には紀竃門娘や石川刀子娘が入っていたことから考えても[20]、石上氏出身の志斐弖が聖武と男子をもうけていても不思議ではない。

直木氏は志斐弖のことはわからないとされるが、「志斐弖」「シヒテ」「弖＝手」という名前の類似から、天平宝字

七年正月に無位から従五位下に叙爵された後宮に仕える女官の石上糸手と姉妹である可能性が高い。また同族には、左大臣石上麻呂の娘で光明皇后に仕え、藤原宇合との間に広嗣・良継を生んで同三年五月に従五位上に叙された石上国守(国盛)もいることなどを併考すると、志斐弖も、姉妹であろう糸手とともに女官であって、麻呂の嫡子豊庭の娘と推察される。

豊庭は養老二年(七一八)五月に四〇歳で没しているが従四位上の位階にあって、和銅七年(七一四)十一月には、威儀を高めるための左将軍に大伴旅人が任じられているのに対して、豊庭は右将軍を命じられているくらいであり、前年三月の麻呂の死をうけて、石上氏の氏上として、また右大臣藤原不比等の嫡子武智麻呂と同等に昇進するなど将来を嘱望される存在であった。よってその娘の志斐弖が聖武に入内して男子をもうけることは十二分に想定される[21]。しかし、上述してきたような称徳の皇権を脅かす有力者を凄惨なまでに排除している現状から推察して、直木氏のこの遺子が「称徳・道鏡政権の安定を害するものとして、黒い霧の中にかくされたのではなかろうか」とする見解は的を射たものであると思う。

いずれにしても、このような変事が起こるのも、称徳の皇権への固執から皇太子を立てずに公卿官人らの皇嗣をめぐる画策をよんでいたにほかならないからであった。

5　氷上志計志麿と道鏡の皇位窺窬事件

有力な皇嗣である舎人・新田部系のうち、舎人系の諸王が淳仁の廃帝を契機に配流になるなどしていたのに対して、新田部系は塩焼王が仲麻呂の与党として殺害されたものの、その子息たちは母が聖武末娘の不破内親王(称徳の異母妹)のこともあって、氷上朝臣氏を賜姓してはいたが聖武の皇統を引く者として有力な存在となっていた。称徳の皇権を脅かす者への猜疑心は、嫡子の志計志麿に向けられたのも当然であった。まして、道鏡への皇位継承の気持ちがすでに女心にあったとすれば尚更であろう。

『続日本紀』神護景雲三年(七六九)五月壬辰(二十五日)条によると、母の不破が京外への追放、志計志麿は土佐国への遠流に処せられる事件が起こっている。その詳しい事情については、『続日本紀』同三年五月丙申(二十九日)条に、

県犬養姉女ら、巫蠱に坐して配流せらる。(中略)逆心を抱蔵きて己首と為りて忍坂女王・石田女王等を率ゐて、(中略)厨真人厨女(不破内親王)が許に窃に往きつつきたなく悪しき奴どもと相結び謀りけらく、朝庭を傾け奉り、国家を乱りて、きらひ給ひてし氷上塩焼が児志計志麿を天日嗣に為むと謀りて掛けまくも畏き天皇の大御髪を盗み給はりて、きたなき佐保川の髑髏に入れて大宮の内に持ち参入り来て、厭魅為ること三度せり。

と記されている。

県犬養姉女は同族出自の県犬養広刀自の娘である不破と親しく、予てから二人の間で志計志麿の擁立を考えていたに違いない。この事件は和気王や淳仁廃帝の場合と違って公卿官人らの参画がないのも異例で、髪を髑髏に入れて呪殺するとの手段がいかにも後宮内での事件らしい。しかし、これが事実であったかというと、称徳が没した一年後の宝亀二年(七七一)八月になって誣告であったことが露呈した。『続日本紀』同月辛酉(八日)条には、「丹比宿禰乙女の位記を毀つ。初め乙女は、忍坂女王・県犬養姉女ら乗輿を厭魅すと誣告す。是に至りて姉女が罪雪む」とある。称徳の髪を入手したということであるから、姉女をはじめ忍坂女王・石田女王ら称徳側近の者たちが首謀者とされ、誣告したのも丹比乙女という女官であったことを考えると、後宮内での志計志麿擁立派の女官を排除し、これを理由に有力な皇嗣である志計志麿を陥れることをでっち上げた事件であり、これを策謀したのは称徳自身であったと思われる。

この年(神護景雲三年)の九月には、宇佐八幡神の「道鏡を皇位につければ天下は太平になる」という託宣をうけて、

再び確認するために宇佐に派遣された和気清麻呂が「无道の人は早に掃ひ除くべし」と奏上したことにはじまる道鏡の皇位窺窬の騒動が起こっている。この事件の発端となった大宰主神の習宜阿曾麻呂が託宣を上奏したのは、志計志麿の事件と前後する時期にあたっている。道鏡の皇位継承を望む勢力にとって、聖武の孫で藤原氏の血脈にも繋がる有力な皇嗣である志計志麿は邪魔な存在であったはずである。道鏡の即位が現実味を帯びてきた政治動向のなかで、その障害ともなる志計志麿を早急に排除しておく必要があったのかもしれない(22)。

そうだとすると、道鏡の即位について称徳自身が積極的であったことの傍証となるが、何よりも『続日本紀』神護景雲三年九月己丑(二十五日)条に、「清麿、其が姉法均と甚大きに悪しく奸める忌語を作りて朕に対ひて法均い物奏せり。此を見るに面の色形口に云ふ言猶明らかに己が作りて云ふ言を大神の御命と借りて言ふと知らしめしぬ」として、「无道の人は早に掃ひ除くべし」との道鏡排除の託宣を捏造と断定して、清麻呂を除名のうえ大隅国への配流処分にしたことは、称徳が道鏡への譲位を期待していたことにほかならない。瀧浪氏は草壁皇統であることを標榜してきたから道鏡への譲位など考えるはずがなく(23)、道鏡に断念させていたとするが(24)、淳仁に「王を奴と成すとも、奴を王と云ふとも、汝の為むまにまに」との聖武の言葉を引いて淡路国に追放していることからすると、必ずしもそうとはいえない。瀧川政次郎氏は、『続日本紀』条文を検討して、当時のものを伝える宣命と編纂時の説明とでは宣命に分があり、加えて天皇を批判することのない正史の性格を考慮すると、その分、必要以上に道鏡を悪者とする意図もあろうことからして、称徳が主体となって道鏡を即位させようとしていたとする(25)。その後、佐藤氏も称徳が道鏡への譲位を模索した事件とし(26)、最近では勝浦令子氏も称徳が主体的に動いたとの見解を示している(27)。

また、前掲の『続日本紀』神護景雲三年九月己丑条には、「此の事を知りて清麻呂等と相謀りけむ人在りとは知らしめして在れども、(中略)如是の状悟りて先に清麿等と同心して一つ二つの事も相謀りけむ人等は心改めて明らかに貞かに在る心を以て奉侍れと詔りたまふ御命を」とあって、清麻呂とともに道鏡即位に反対する公卿官人が存在しており、称徳はこれらに「改心して仕える」ことを命じている。沢野氏は、道鏡への譲位は清麻呂の行動によって阻止されたが、これは広範な貴族層の存在を称徳が意識していたからであり、皇嗣に関することは天皇の意志のみでは実行できなかったとする(28)(よって称徳の専制を否定しているのだろう)。

道鏡への譲位の挫折は、称徳の皇嗣についての態度をさらに頑ななものにしたらしく、翌十月乙未(一日)条には「君の位は願ひ求むるを以て得る事は甚難しと云ふ言をば皆知りて在れども、先の人は謀をぢなし、我は能くつよく謀りて必ず得てむと念ひて種々に願ひ祈れども、(中略)過を知りては必ず改めよ、能きを得ては忘るなといふ」と厳しい口調で皇位を願う心を戒める命令を下しているが、それでも皇位継承をめぐる騒動は収まらずに公卿官人間で策謀がなされていたのである。称徳が没したその日に、皇太子擁立をめぐって白壁王を推す左大臣藤原永手・良継らと、文室浄三・大市兄弟を擁立する吉備真備らとが対立したことが『日本紀略』にみえているが(29)、これはこの時になっての突然のことではなく、称徳の制止にもかかわらずにすでに称徳存生中からみられた様相であったのである。

つぎつぎと起きる皇位継承をめぐっての政争・政変を鎮圧してきたからといって、称徳が専制的であったかというと、その内実を検討すると叙上のように疑問である。ことに道鏡即位を推進したことで称徳への公卿官人らの乖離も一層すすみ、信頼も失われる深刻な政情となった。信頼回復のために称徳は、元正天皇の「貞しく明らかに浄き心」で聖武に仕え、また皇太子であった称徳にも「助け奉侍れ」るようにとの勅や、聖武の称徳への「二心无くして奉侍れ」との勅を引いて、自身の正統性を主張するとともに、公卿官人らとの関係修復に必死となっていたようである。そのひとつに同日に藤原氏と五位以上の者らに「自分の教えに違わずに、心を整え直し、束ね治めるしるし」として、端に金泥で思いやりを表わす「恕」の字を書いた八尺の紫綾の帯を配ったことがあった。これは「藤原氏を特別に優遇して、反感を和らげた」[30]ものとの見解もあるが、五位以上のすべての官人にも配布していることからして、藤原氏をはじめとする公卿官人に自分への忠誠心を確認したものであって、その離反に苦慮していたゆえのことであった。称徳と公卿官人との関係が良好であれば、まずこのような帯を配布するというような陳腐なことは考えられなかったはずである。

6　称徳天皇の評価

このような称徳・道鏡時代について、『続日本紀』は称徳を高野陵に葬る記事につづいて、

勝宝の際、政、倹約を称ふ。太師誅せられてより、道鏡、権を擅にし、軽しく力役を興し、務めて伽藍を繕ふ。公私に彫喪して、国用足らず。政刑日に峻しくして、殺戮妄に加へき。故に後の事を言ふ者、頗るその冤を称ふ。

と、孝謙天皇時代の治政が倹約であったのに、仲麻呂の没後は道鏡が権勢をほしいままにして国費が不足し、また殺戮が横行したという政治の乱れがあったとの評価を記している。瀧浪氏は道鏡との男女関係で醜聞性の風潮が強い平安時代での編纂であるから、この称徳評を鵜呑みにはできないとする[31]。けれども、この見解は『続日本紀』記事の真否の検証を意図的に避け、その要因を編纂態度に転化するものである。この『続日本紀』巻第三十は、光仁朝に石川名足・上毛野大川が編修したあとに、藤原継縄や菅野真道らが不要を削り、不足を補って延暦十三年（七九四）八月に成ったものである。称徳朝時代に名足は四〇歳前後で大和守などを歴任、継縄は参議に右大弁や外衛大将・越前守を兼任して政権の中枢に位置していたから、名足も継縄も実際に経験したことであって、この記事は信頼できる。このような評価は継縄らにとどまることではなくて、多くの公卿官人の共通する認識でもあったと思う。

継縄らによってこのように評価される称徳・道鏡政権は、吉川氏のいうように称徳が天皇大権を掌握した専制君主

であったがゆえのことであるのかもしれない。また度重なる皇位継承をめぐっての事件・政変について「不満分子の排除は順調に進んだ」称徳の専制による結果、と理解することもできるかもしれない。

しかし、上述してきたように、称徳は天平宝字八年十月に「天の授けぬを得て在る人は、受けても全く坐す物にも在らず、後に壊れぬ。(中略)力を以て競ふべき物にも在らず」、天平神護元年三月に「己が心のひきひき、太子を立てむと念ひて功を欲する物には在らず。(中略)おのもおのも貞かに能く浄き心を以て奉仕れ」、神護景雲三年九月にも「清麿等と同心して一つ二つの事も相謀りけむ人等は心改めて明らかに貞かに在る心を以て奉侍れ」、そして「君の位は願ひ求むるを以て得る事は甚難しと云ふ言をば皆知りて在れども、先の人は謀をぢなし、我は能くつよく謀りて必ず得てむと念ひて種々願ひ祈れども、(中略)過を知りては必ず改めよ、能きを得ては忘るな」と、再三再四にわたって公卿官人の皇位継承に関わる行動を戒めている。それでも前述してきたような公卿官人の策謀はとどまることはなく、現実に藤原式家を中心とする白壁王、そして真備による浄三の擁立運動は秘密裏に、けれども確固としてすすめられていたのである。

加えて臣下に「恕」と書いた紫綾の帯を配布して忠誠を誓わせるなどのことは、およそ天皇大権を掌握した「空前の専制君主」のなす行為ではあるまい。やはり著者は称徳・道鏡政権について、佐藤氏の「皇位をめぐって様々な動きが(中略)相次いで起き、政治的に不安定な状況が続いた」というのが実態であったと理解するのが妥当だと思う。

二　叙位・補任をめぐって

つぎに冒頭でも触れたように、称徳の皇権と治政について、その実態を検証する方便として叙位・補任状況を中心に官人動向を分析してみたいと思う。ただ詳細については以前にも論じたことがあるので前稿[32]にもよってもらいたいが、幾分また新たな視角からの検証も付加して論及することにする。

まず具体的に論じる前に、称徳・道鏡政権の官人動向についての先学の理解を簡潔に紹介してみる。中川氏は、権力の基盤を太政官機構のなかに打ちたてて形成したのではないことから、組織的にはきわめて脆弱で、政治機構の既成勢力を掌握できなかったと判断し[33]、尾畑光郎氏も中央貴族官人らの反発から、それに代えてあらたに官僚への進出を望んでいた郡司を対象に行賞を行い、これらに依拠しようという政策がとられたと理解した[34]。さらに持田泰彦氏も、称徳朝下での従五位下・外従五位下への昇叙者が多いのは、下級官人層や地方豪族を取り込むためのものであったとする[35]。これらのことから称徳・道鏡政権は、公卿官人とは乖離して既成の政治勢力を掌握できずに、これに代えて下級官人・地方豪族を登用しようとしていたことは確かなことであろうと思う。

そこで、このことの論証を具体的に有効とする手段として『続日本紀』の記事をもとに数字化して検証してみる。まず持田氏の指摘した従五位下・外従五位下への昇叙、つまり叙爵について『続日本紀』をみてみるが、称徳朝の叙爵の状態がどのようであったかを判断するために、孝謙朝（天平勝宝年間に限る）の状況と比較してみる。それをまとめたのが表1の「叙爵者数」である。

【表1】叙爵者数

称徳朝		孝謙朝	
天平神護元年	82	天平勝宝元年	21
同　2年	44	同　2年	12
神護景雲元年	101	同　3年	16
同　2年	31	同　4年	9
同　3年	19	同　5年	5
同　4年	16	同　6年	18
［年平均］	53	同　7歳	4
		同　8歳	0
		［年平均］	11

このように孝謙朝の叙爵が年平均一一件であるのに対して、称徳朝（五年半）は五三件で四・八倍も多くなっていて、持田氏の主張が裏づけら

【表2】昇叙者数

称徳朝		孝謙朝	
天平神護元年	132	天平勝宝元年	50
同　2年	76	同　2年	34
神護景雲元年	154	同　3年	36
同　2年	54	同　4年	13
同　3年	53	同　5年	8
同　4年	26	同　6年	37
［年平均］	90	同　7歳	4
		同　8歳	2
		［年平均］	23

れる。孝謙朝の天平勝宝元年（天平二十一年、天平感宝元年・七四九）が多いのは即位にともなう叙位が行われたからであり、これは天平神護元年も同様である。称徳朝が違うのは即位以後も各年三〜五倍多いことである。神護景雲四年が少ないのは称徳が没した八月までであるからである。

これによって、六位以下の位階にあった下級官人や地方豪族を内位の五位へと昇叙させていることが実証されるが、そのことは『続日本紀』天平神護二年十二月壬寅（二十一日）条に、因幡国の春日戸人足が銭一〇〇万、稲一万束を献上したのをうけて父の大田を従六位下から外従五位下に、神護景雲元年三月乙亥（二十六日）条に、常陸国新治郡の大領である新治子公が銭二〇〇〇貫・商布一〇〇〇段を献上して、外従六位上から外正五位下に昇叙されているなどのことがみえていることからも確認できる。

このような傾向は下級官人・地方豪族だけにとどまらず、公卿官人らへの懐柔という事由もあって全般的に昇叙が多く行われた。それが表2の「昇叙者数」である。

やはり叙爵だけでなく即位年の昇叙が多いのは全昇叙者についても同じであるが、年平均でも孝謙朝に比べて称徳朝は三・九倍である。称徳朝の全昇叙者にしめる叙爵者の割合は五九％で、孝謙朝の四六％よりも多いことがわかる。ことに神護景雲元年は六五％で突出しており、後述するように瑞雲による祥瑞を契機として下級官人や地方豪族を一層登用しようとしていたことがわかる。

これは『続日本紀』宝亀元年八月丙午（十七日）条に、「勝宝の際、政、倹約を称ふ」というように安定していた孝謙朝の政情が、称徳朝になって、その政権が前述のように公卿官人を十分に掌握できずにいたことの理由から、自派官人の位階をすすめて主要な職官に就けることによって政権の基盤を強化しようとしたためであろう。

この昇叙者を氏別に、即位二年目の(即位年だと昇叙者が多様で特例的であろうことから全体的傾向の把握のために即位二年目とした)天平勝宝二年と天平神護二年を例にとって、皇親・藤原と、大伴・多治比・石上・粟田・平群・巨勢・佐伯・石川氏など中央貴族と、その他の氏族に区別してみてみると、以下のような表3の「氏別昇叙者数」の結果になる(中央貴族のなかに藤原氏も含まれるので、合計は一〇〇%を越える)。

天平勝宝二年に比べて天平神護二年は、他氏族出自官人が五〇%から六一%に多くなるのに対して、皇親と中央貴族出自官人を併せると五〇%から三八%へと、数字が逆転している。ことに、皇親・藤原氏出自官人に限ってみると、その割合はさらに顕著で、三二%から二三%に激減している。天平勝宝二年は皇親・藤原氏の昇叙者が多いのに対して、天平神護二年は減少していて、中央貴族以外の他氏族に及んでいることが指摘できる。これは尾畑氏や持田氏が主張するように、中央貴族らを掌握できずに、その代わりに下級官人や郡司・地方豪族を昇叙・登用して政権を運営してゆこうとしていたことを明確に裏づけている。

【表3】氏別昇叙者数

	天平神護二年		天平勝宝二年	
中央貴族	19	25%	11	32%
他氏	47	61%	17	50%
皇親・藤原	18	23%	11	32%

ただ政権の掌握・強化の手段としては昇叙だけではない。安定した政権運営においては、枢要・重要職への自派閥官人を配置する必要も考量される。なぜ下級官人や地方豪族を昇叙させるかというと、それは官位相当制の原則から重要職であれば高い位階の人材が必要となるわけで、このことは説明するまでもない。

その点を考慮すれば、昇叙の結果をうけて補任の状況を分析検証する必要もあろうと思う。

【表4】補任者数

称徳朝		孝謙朝	
天平神護元年	37	天平勝宝元年	40
同　2年	43	同　2年	14
神護景雲元年	112	同　3年	1
同　2年	122	同　4年	21
同　3年	75	同　5年	12
同　4年	26	同　6年	69
［年平均］	75	同　7歳	1
		同　8歳	21
		［年平均］	22

そこで補任についても昇叙と同様の方法で作成してみたのが表4の「補任者数」である。これをみてみると、補任に関しても三・二倍で、叙爵者・昇叙者とほぼ同じような傾向であることを指摘できる。

この表4をみて注視されるのは、表2の叙位と同じように、天平勝宝元年とともに神護景雲元年がもっとも多い。これは改元による叙位が行われたからであり、天平勝宝元年は聖武の東大寺行幸と孝謙の即位にともなう昇叙である。そして、神護景雲元年と天平勝宝元年の叙位と補任とが連動している。同元年は例年に相違して多くの昇叙が行われているが、これにともなって補任の割合も多い。神護景雲元年も昇叙者数と補任数の双方が多い。正月の定期叙位と八月の改元叙位の直後には補任を実施して、叙位と補任が連動している。翌年の同二年は昇叙者数が少ないのに補任者数が多いという反する傾向がみられる。これなどは論述してきたように、称徳が政権を確固とするために、下級官人や地方豪族を昇叙して、これらの者を重用するために補任を重視していたことを示しているように思われる。

そして、この補任に預かった官人らを昇叙者と同じように氏族別に整理してみると、下のような表5の「氏別補任者数」となる。

この表5をみて、天平勝宝二年は中央貴族が六四%と他氏を圧倒しているのに、天平神護二年は三九%である。また天平勝宝二年と天平神護二年の皇親と藤原氏出自官人の補任者数の割

【表5】氏別補任者数

	天平神護二年		天平勝宝二年	
中央貴族	17	39%	9	64%
他氏	24	55%	5	35%
皇親・藤原	9	20%	4	28%

合が大差ないのに、天平神護二年度の他氏出自官人は三五％から五五％になっている。これは中核的な存在である皇親や藤原氏はどうにかその政治的立場を保持したものの、その周辺にいる大伴・多治比氏などの中央貴族の補任者が、他氏の下級官人や地方豪族にとって代わられた現状を物語っている。繰りかえしになるが、このように補任からみても、昇叙者の傾向と同じように称徳は中央貴族層と乖離していたことから、これに代えて下級官人や地方豪族を重用して政権を維持しようとはかっていたことが裏づけられるといってよいと思う。

三　祥瑞をめぐって

祥瑞とは、陰陽二気の調和不調和は為政者の徳不徳の反応とする天人相関的な帝王観を含む中国の考えにもとづくもので、東野治之氏は、天皇にとって律令政治の理想たる徳化の及ぶ範囲の広がりを意味して、律令貴族を含めた為政者の施政が正当化されたとしている[36]。つまり祥瑞が現れるということは、天皇の治政が理想的であり、そのことが天に感応したということで、天皇の施政正当化の方便となるのである。称徳もこのような認識をもっていた。『続日本紀』神護景雲元年八月癸巳（十六日）条に、

今年の六月十六日の申時に東南の角に当りて甚奇しく異に麗しく雲七色相交りて立ち登りて在り。此を朕自らも見行はし、また侍る諸の人等も共に見て怪しび喜びつつ在る間に（中略）六月十七日に度会郡の等由気の宮の上に当りて五色の瑞雲起ち覆ひて在り。（中略）また陰陽寮も、七月十日に西北の角に美しく異にある雲立ちて在り。同じき月の廿三日に東南の角に有る雲本朱に末黄に稍五色を具へつと奏せり。（中略）瑞書に細に勘ふるに是れ即ち景雲に在り。実に大瑞に合へりと奏せり。然るに朕が念し行さく、如是く大きに貴く奇しく異に在る大き瑞は、

聖の皇が御世に至れる徳に感でて天地の示現し賜ふ物となも常も聞し行す。

とみえていることからしても確認することができる。六月には伊勢の豊受大神宮に瑞雲がみえ、平城宮でも六月と七月には東南や西北の方向に慶雲（景雲）が現れたとして、「大きくかつ貴く珍しく尋常でない大いなる瑞祥は、聖人の天皇の御世に至上の徳に感応して天地があらわされるものであると、いつも聞いている」と述べて、神護景雲と改元するというのである。

このような称徳の認識を反映して、称徳朝、とくに神護景雲年間には祥瑞が多くみえる。簡潔に掲出すると、①神護景雲二年正月十日には播磨国から白鹿が、②同二年六月二十一日には、武蔵国橘樹郡の飛鳥部吉志五百国と同国久良郡から白雉が、③同二年七月十一日には、肥後国葦北郡の刑部広瀬女と日向国宮埼郡の大伴人益が白亀と白髪・白尾の青馬を、④同二年八（「七」トモアル）月八日には参河国碧海郡の長谷部文選が白烏を、⑤同二年十一月二日には、美作掾恩智神主広人が白鼠を、⑥同三年五月十六日には伊勢国員弁郡の猪名部文麿が白鳩を、⑦同三年十一月二十八日には伊予国守の高円広世も白鹿を、⑧同四年四月（五月？）までに弓削清人が白雀を、⑨同四年五月以前に伊予国員外掾の笠雄宗が白鹿を、⑩同四年七月十八日には常陸国那賀郡の丈部竜麿と占部少足が白烏を、⑪同四年七月十八日には筑前国嘉麻郡の財部宇代が白雉を、⑫同四年八月五日には肥後国葦北郡の日奉部広主女が白亀を、⑬同四年八月十七日には肥後国益城郡の山稲主が白亀を献上するなどの祥瑞が報告されているが、その祥瑞物が白鹿・白雉・白亀・白烏・白鼠・白鳩・白雀や、白髪・白尾の馬など、㈠すべてが白色の祥瑞であり、㈡筑前・肥後・日向国など西海道の国が多く、㈢同二年正月から同四年八月までの二年八か月間に集中していることも注視される。

㈠すべてのが白色祥瑞であることは、天武天皇が壬申の乱で前漢の高祖の故事にならって軍旗に赤色を用いて勝利をえたことに因んで[37]、天武天皇朝から持統天皇朝にかけて思想的に皇位を正当化して荘厳することもあって、赤色の祥瑞が重視されたことを意識していたからである。白色は神祇信仰の清浄な心に通じる瑞色として尊重され[39]、人神の要素を作り出すとされるが[40]、だからといって祥瑞のすべてが白色であるということはありえず、これが人為的なものであることは明確である。

(二)の九州諸国に多いことも、これは大宰帥であった道鏡の実弟である弓削浄人自らが白雀を献上していることから推察して、その職掌から西海道諸国に積極的に白色祥瑞の献上を要求していたからであろう。

また(三)神護景雲二年正月から同四年八月に集中していることについても理由があったと思う。祥瑞進献の時期について、東野氏は養老四年以降はほぼ年頭に固定しており、年頭以外に献じられたものはすべて大瑞であるとしているが[41]、前述のようにこの期間の祥瑞は①白鹿を除いて、大瑞の白亀・白馬(③⑫⑬)、上瑞の白鹿(⑦⑨)、中瑞の白烏(④⑩)・白鳩(⑥)・白雀(⑧)・白雉(②⑪)はそれぞれ五月・六月・七月・八月・十一月で、年頭以外の日時になされている。この事情について福原栄太郎氏は政治的な推移と関連させて考える必要があるとし[42]、茂木直人氏は称徳を顕彰して政権の安定をねらいとしていたと考えている[43]。加えて根本誠二氏も明解に「弓削御浄浄人など道鏡人脈による、最後のあがきかもしれない[44]」と理解している。

つまり、この神護景雲年間の白色祥瑞は、赤色祥瑞が壬申の乱を勝ち抜いた天武を専制君主として思想的に正当化・荘厳化する役割をもっていたのにならって、称徳が祥瑞献上を積極的に要請して、自らの治政を天人相関の思想によって称揚しようとする目的で企んだものと思われる。このような祥瑞は、政治がよく治まっている場合には必要のないものであって、政情が不安定になっている時だからこそ治政を修飾して正当化する必要が生じるのである。細井浩志氏は歴代の天皇朝に比べても称徳朝の祥瑞が異常に多いことを指摘している[45]。たしかに表6の「各天皇朝別祥瑞回数・年平均回数」を一覧すればわかるように、称徳朝の祥瑞が多く、以外の八代の年平均一・一回を越えて倍以

【表６】各天皇朝別祥瑞回数・年平均回数

	回数	年平均
文武	19	1.9
元明	17	2.1
元正	6	0.7
聖武	20	0.8
孝謙	6	0.7
淳仁	0	0
称徳	17	2.8
光仁	18	1.7
桓武	8	0.7

上の二・八回である。

これは称徳が祥瑞の出現を創出することによって、中央貴族の反発を理由とする政局の動揺と不安定な政情を隠蔽して自らの治政を称揚しようとしたものであった。このような称徳の画策に呼応したのが、中川氏や栄原永遠男氏が指摘した称徳が支持勢力にしようとした掾・員外掾をはじめとする地方豪族などであった(46)。祥瑞進献が大宰帥浄人の管轄下にあった西海道の筑前・肥後・日向国で半数を占め、道鏡派と思われる伊勢老人が国守であった三河国や、重用されていた藤原雄田麻呂（百川）が国守の武蔵国などであることは、西別府元日氏が「祥瑞が現実的な課題を解消ないし隠蔽するために政治的に利用され、あるいは演出・創作された可能性のあることは、周知のことに属する(47)」というように、この祥瑞による治政の称揚が、称徳や道鏡の工作によるものであることを明確に示している。

この祥瑞は、地方豪族に依拠して権力基盤を構築しようとしていた称徳にとっては懐柔策であり、また地方豪族の政治的要求とも一致するものでもあって、茂木氏が、為政者はその徳をみえる形で演出する祥瑞に求め、献上する地方豪族らは褒賞をえようとする思惑があったとするとおりである(48)。少し降るが宝亀三年七月には上総国から前脚の二蹄が牛に似た馬が祥瑞として献上されたが、人為的に偽作されたことが露呈して国介の巨勢馬主ら五人が解任、馬の本主である宗我部虫麻呂は決杖八〇に処せられている(49)。これは祥瑞献上の要請と、これに応えるためには偽作をも厭わず褒賞に預かろうとする下級官人・地方豪族が存在した称徳朝の政治的風潮が、光仁天皇即位直後にもまだ遺存していたことを証明している。

このように称徳朝後期の祥瑞献上には、中央貴族らとの乖離を要因とする政権の動揺を、下級官人や地方豪族でもって代えることによって克服することの目的があった。そして、地方豪族の要求に応え懐柔する一方で、混迷する治政を隠蔽し、自らを称揚しようとする称徳の企図があったということができる。

おわりに

冗漫として上述してきたが、称徳は自分の皇権確立のために対抗する有力な皇嗣や政治勢力を強圧的に排除した。それが、淳仁廃帝の謀殺や和気王の伊豆国への配流途中での絞殺、そして異母妹不破内親王と氷上志計志麿母子の追放などの政変であった。これらのことは道鏡への譲位を考えてのことだと理解することもできるが、何よりも自らの皇権確立のためのものであった。これら有力な対抗者をつぎつぎと葬り去ったという結果にもとづいて、称徳が専制君主化して皇権を掌握していたという理解には違和感をおぼえる。著者の理解はこれとは相違して、佐藤氏らの主張と同じように、まず基本的には称徳の皇権掌握が不十分であったがゆえに、このような皇嗣をめぐる陰惨な事件が起こったのであって、専制君主化して皇権を掌握していたならばけっして起こらなかったはずであると考える。

ただ、これらの皇嗣をめぐる事件の実相が、称徳による陰謀であることがはっきりしている氷上志計志麿事件をはじめ、淳仁廃帝・和気王の両事件も含めて、称徳から仕掛けられたものであり、これらの有力皇嗣を除外することによって称徳の皇権掌握がすすんでいったことも、また間違いのない事実である。けれども称徳が専制君主であったから有力皇嗣を排除できたのではなく、即位しながらも皇権の掌握がすすまなかったからこそ、陰謀を用いてまで排除しなければならなかったのだと理解すべきである。

しかし、対立する皇嗣を排除したからといってその政権が安定したかというと、それはまた別問題であって、称徳の再三の命令を無視して公卿官人らはしかるべき皇太子を立てることを要望して、皇嗣をめぐる事件に終止符をうつことはできなかった。称徳が皇太子をおくことによって皇権が分立することを嫌ったことや、寵愛するがゆえに僧侶である道鏡を大臣禅師・太政大臣禅師、そして法王に登用して政治に介入させたことなどを理由として、公卿官人らと乖離したことが政権に動揺をもたらしていたのである。

このような公卿官人ら中央貴族との乖離によって、それに代えて称徳は下級官人や地方豪族を重用して政権を構築しようとした。その方策の一つが祥瑞の献上を創出することであったといえよう。称徳は、単なる祥瑞ではなく、「白色」の鳥獣を進献させることによって、自身を天皇として冒すべからざる「聖性」「人神」なる存在、前掲の神護景雲元年八月癸巳条にみえる「聖の皇」（聖人の天皇）として意識させ、自己を正統化し、皇位を保持しようとした。これらの事実は称徳が貴族官人らと乖離し、その掌握に苦慮して治政も動揺していたことの裏返しであり、その確証となるのである。

註

（1）中川收「称徳・道鏡政権の形成過程」（『日本歴史』一九六号掲載、一九六四年九月、のち『奈良朝政治史の研究』所収、高科書店、一九九一年五月）。
（2）佐藤信『律令国家と天平文化』（吉川弘文館、二〇〇二年九月）五〇～五一頁。
（3）瀧浪貞子『日本古代宮廷社会の研究』（思文閣出版、一九九一年一一月）一一二頁。
（4）吉川真司『聖武天皇と仏都平城京』（講談社、二〇一一年一月）二二四～二二五頁。
（5）木本好信「称徳・道鏡政権の実態」（『史聚』三九・四〇合併号掲載、二〇〇七年三月、のち『奈良時代の政争と皇位

継承』所収、吉川弘文館、二〇一二年三月）。
(6)『続日本紀』天平宝字八年十月壬申条。
(7) 註(2)佐藤前掲書、五〇頁。
(8) 北山茂夫「道鏡をめぐる諸問題」（『立命館法学』四・五合併号掲載、一九五三年九月、のち『日本古代政治史の研究』所収、岩波書店、一九五九年四月）。
(9) 沢野直弥「称徳朝における皇嗣問題」（『史聚』三三号掲載、一九九九年一月）。
(10) 中川收「天平神護元年における和気王の謀叛」（『日本歴史』一七九号掲載、一九六三年四月、のち『奈良朝政治史の研究』所収、高科書店、一九九一年五月）。
(11) 木本好信「淳仁廃帝の反攻試論」（『政治経済史学』五九一号掲載、二〇一六年三月）。
(12) 直木孝次郎「万葉貴族と玉津島・和歌の浦」（『東アジアの古代文化』六四号掲載、一九九〇年七月、のち『飛鳥奈良時代の考察』所収、高科書店、一九九六年四月）。
(13) 笹山晴生『奈良の都』（吉川弘文館、一九九二年四月）一四〇頁。
(14) 註(1)中川前掲論文。
(15) 直木孝次郎「淡路廃帝淳仁の死をめぐって」（『飛鳥奈良時代の考察』所収、高科書店、一九九六年四月）。
(16) 木本好信「『続日本紀』天平神護元年十月甲申条をめぐって」（『日本歴史』四九七号掲載、一九八九年一〇月）。
(17) 註(10)中川前掲論文。
(18) 木本好信『藤原種継』（ミネルヴァ書房、二〇一五年一月）一四四頁。
(19) 直木孝次郎「古代における皇胤伝説と天皇」（『奈良時代史の諸問題』所収、塙書房、一九八六年一一月）。

(20)『続日本紀』和銅六年十一月乙丑条。
(21) 木本好信「石上志斐弖という女性」（『奈良時代の藤原氏と諸氏族』所収、おうふう、二〇〇四年一二月）。
(22) 渡辺晃宏『平城京と木簡の世紀』（講談社、二〇〇一年二月）三二六頁。
(23) 瀧浪貞子「孝謙天皇の皇統意識」（『日本古代宮廷社会の研究』所収、思文閣出版、一九九一年一一月）。
(24) 瀧浪貞子『奈良朝の政変と道鏡』（吉川弘文館、二〇一三年三月）一八三頁。
(25) 瀧川政次郎「弓削道鏡」（『人物新日本史』上代編所収、明治書院、一九五三年六月）。その他に註(8)北山前掲論文、平野邦雄『和気清麻呂』（吉川弘文館、一九六四年一二月）九五頁、河内祥輔『古代政治史における天皇制の論理』（吉川弘文館、一九八六年四月）一二〇頁、森田悌『王朝政治と在地社会』（吉川弘文館、二〇〇五年一二月）一一三頁、鷺森浩幸「道鏡」（『平城京の落日』所収、清文堂出版、二〇〇五年一二月）などがある。
(26) 註(2)佐藤前掲書、五一頁。
(27) 勝浦令子『孝謙・称徳天皇』（ミネルヴァ書房、二〇一四年一〇月）二八二頁。
(28) 註(9)沢野前掲論文。
(29)『日本紀略』宝亀元年八月癸巳条。
(30) 青木和夫他『続日本紀』四（岩波書店、一九九五年六月）二六三頁。
(31) 註(24)瀧浪前掲書、一二〇頁。
(32) 註(5)木本前掲論文。
(33) 註(1)中川前掲論文。
(34) 尾畑光郎「称徳・道鏡政権形成過程についての覚書」（『日本社会史研究』七号掲載、一九六〇年一月）。

(35) 持田泰彦「称徳朝における大量叙位とその影響」(『古代王権と祭儀』所収、吉川弘文館、一九九〇年一一月)。
(36) 東野治之「飛鳥奈良朝の祥瑞災異思想」(『日本歴史』二五九号掲載、一九六九年一二月)。
(37) 吉川真司「天皇と赤幡」(『万葉集研究』三〇集所収、塙書房、二〇〇九年九月)。
(38) 註(36)東野前掲論文。
(39) 次田吉次「祥瑞災異考」(『専修史学』二三号掲載、一九九一年三月)。
(40) 宮田登『白のフォークロア』(平凡社、一九九四年七月)三〇～三一頁。
(41) 註(36)東野前掲論文。
(42) 福原栄太郎「祥瑞考」(『ヒストリア』六五号掲載、一九七四年六月)。
(43) 茂木直人「地方における祥瑞の意義」(『日本古代の鄙と都』所収、岩田書院、二〇〇五年三月)。
(44) 根本誠二『天平期の僧侶と天皇』(岩田書院、二〇〇三年一〇月)一〇三頁。
(45) 細井浩志「『続日本紀』の自然記事」(『古代史の天文異変と史書』所収、吉川弘文館、二〇〇七年九月)。
(46) 栄原永遠男「称徳・道鏡政権の政権構想」(『追手門経済論集』二七巻一号掲載、一九九二年四月)。
(47) 西別府元日「祥瑞出現と国司行政」(『日本歴史』五五六号掲載、一九九四年九月)。
(48) 註(43)茂木前掲論文。
(49) 『続日本紀』宝亀三年七月辛丑条。

成稿一覧

第一章　藤原南家官人の考察

第一節　藤原武智麻呂
「藤原武智麻呂と多治比三宅麻呂・穂積老配流事件」（『史聚』五〇号記念号掲載、二〇一七年四月）。

第二節　藤原四子体制・武智麻呂政権論
「同題」（『古典と歴史』二号掲載、二〇一八年一一月）。

第三節　藤原豊成
「藤原豊成について」（『甲子園短期大学紀要』三五号掲載、二〇一七年三月）。

第四節　藤原仲麻呂
「藤原仲麻呂小論」（『藤原仲麻呂政権とその時代』所収、岩田書院発売、二〇一三年三月）。

第五節　藤原仲麻呂と光明皇太后
「同題」（『辻尾栄一古稀記念論攷』所収、同事務局、未刊）補訂。

第六節　藤原仲麻呂と衛府
「授刀舎人の再置再論」（『龍谷大学日本古代史論集』創刊号掲載、二〇一八年三月）。

第七節　藤原執弓
「堀江の別れ」（『史聚』五二号掲載、二〇一九年四月）。

第二章　藤原北家官人の考察

第一節　藤原御楯

「藤原御楯(千尋)について(上)」(『史聚』四九号掲載、二〇一六年三月)。

「淳仁朝の藤原御楯について」(『龍谷日本古代史ゼミ報告』九号掲載、二〇一九年六月)。

第二節　藤原楓麻呂

「藤原楓麻呂について」(『甲子園短期大学紀要』三四号掲載、二〇一六年三月)。

第三章　奈良時代政治史点描

第一節　長屋王の変と藤原四兄弟の役割

「藤原四兄弟の『長屋王の変』の役割」(『政治経済史学』六一四号掲載、二〇一八年二月)。

第二節　『続日本紀』の「紀乎麻呂配流」記事についての臆説

「同題」(『龍谷日本古代史ゼミ報告』五号掲載、二〇一八年六月)。

第三節　孝謙天皇即位の諸事情

「同題」(『龍谷日本古代史ゼミ報告』三号掲載、二〇一七年一一月)。

第四節　称徳・道鏡政権の実態と皇位継承

「同題」(『皇学館論叢』四九巻二号掲載、二〇一六年四月)。

著者略歴

木本 好信（きもと よしのぶ）

1950年12月　兵庫県生まれ
1978年３月　駒澤大学大学院人文科学研究科日本史学専攻博士後期課程単位修得満期退学
1978年４月　明治大学大学院文学研究科史学専攻研究生
2003年３月　博士(学術)
山形県立米沢女子短期大学教授、甲子園短期大学学長を歴任
現在、龍谷大学文学部特任教授

単編著書

『江記逸文集成』、国書刊行会、1985年
『平安朝日記と逸文の研究』、桜楓社、1987年
『奈良朝典籍所載仏書解説索引』、国書刊行会、1989年
『古代の東北』、高科書店、1989年
『大伴旅人・家持とその時代』、桜楓社、1993年
『藤原仲麻呂政権の基礎的考察』、高科書店、1993年
『奈良朝政治と皇位継承』、高科書店、1995年
『藤原式家官人の考察』、高科書店、1998年
『平安朝日記と記録の研究』、おうふう、2000年
『律令貴族と政争』、塙書房、2001年
『奈良時代の人びとと政争』、おうふう、2003年
『奈良時代の藤原氏と諸氏族』、おうふう、2004年
『万葉時代の人びとと政争』、おうふう、2008年
『平城京時代の人びとと政争』、つばら、2010年
『藤原仲麻呂』、ミネルヴァ書房、2011年
『奈良時代の政争と皇位継承』、吉川弘文館、2012年
『藤原仲麻呂政権とその時代』、岩田書院、2013年
『藤原四子』、ミネルヴァ書房、2013年
『藤原種継』、ミネルヴァ書房、2015年、
『藤原北家・京家官人の考察』、岩田書院、2015年
『奈良平安時代の人びとの諸相』、おうふう、2016年

共編書

『朝野群載総索引』、国書刊行会、1982年（大島幸雄・菅原邦彦両氏と）
『政事要略総索引』、国書刊行会、1982年（大島幸雄氏と）
『親経卿記』、高科書店、1994年（細谷勘資・大島幸雄両氏と）
『朔旦冬至部類』、武蔵野書院、2017年（樋口健太郎氏と）
『時範記逸文集成』、岩田書院、2018年（樋口健太郎・中丸貴史両氏と）

藤原南家《ふじわらなんけ》・北家《ほっけ》官人《かんじん》の考察《こうさつ》　　古代史研究叢書 13

2019年(令和元年) 8月　第1刷　300部発行　　定価[本体4900円＋税]

著　者　木本 好信

発行所　有限会社岩田書院　代表：岩田　博　　http://www.iwata-shoin.co.jp

〒157-0062 東京都世田谷区南烏山4-25-6-103　電話03-3326-3757 FAX03-3326-6788

組版・印刷・製本：亜細亜印刷

ISBN978-4-86602-077-8 C3321　¥4900E

古代史研究叢書

①	森田　悌	日本古代の駅伝と交通	5400円	2000.02
②	長谷部将司	日本古代の地方出身氏族	品切れ	2004.11
③	小林　茂文	天皇制創出期のイデオロギー	8900円	2006.12
④	関口　功一	東国の古代氏族	品切れ	2007.06
⑤	中野　高行	日本古代の外交制度史	品切れ	2008.06
⑥	垣内　和孝	郡と集落の古代地域史	5900円	2008.09
⑦	前之園亮一	「王賜」銘鉄剣と五世紀の日本	9500円	2013.02
⑧	宮原　武夫	古代東国の調庸と農民	5900円	2014.08
⑨	関口　功一	日本古代地域編成史序説	9900円	2015.02
⑩	根津　明義	古代越中の律令機構と荘園・交通	4800円	2015.03
⑪	木本　好信	藤原北家・京家官人の考察	6200円	2015.07
⑫	大島　幸雄	平安後期散逸日記の研究	6800円	2017.01

岩田書院 史料選書

①	川名　登	里見家分限帳集成	2000円	2007.02
②	西川甚次郎	日露の戦場と兵士	2800円	2014.03
③	河野　昭昌	南北朝期 法隆寺記録	2800円	2014.07
④	多久古文書	佐賀藩多久領 御家中寺社家由緒書	1200円	2015.07
⑤	河野　昭昌	南北朝期 法隆寺雑記	3200円	2017.06
⑥	木本好信他	時範記逸文集成	2000円	2018.09
⑦	南奥戦国史	伊達天正日記 天正十五年	1600円	2018.11